U0955296

俞国良　顾问

教子有方

知心育儿100招

黄克华 等　著

浙江教育出版社・杭州

《教子有方：知心育儿 100 招》
编委会名单

推荐序一

为“教子有方”站台

“天下之本在国，国之本在家”。家庭教育是人类进步的根，国家兴旺的茎，民族发展的魂。对此，习近平总书记明确指出，“不论时代发生多大变化，不论生活格局发生多大变化，我们都要重视家庭建设，注重家庭、注重家教、注重家风”；在全国教育大会上习近平总书记再次强调，“家庭是人生的第一所学校，家长是孩子的第一任老师，要给孩子讲好‘人生第一课’，帮助扣好人生第一粒扣子”。在百年未有之大变局的今天，我国家庭教育正面临严峻挑战，亟须发展新理念，确定新内涵，明晰新要求，寻找新方法，发现新路径。杭州市西湖区关心下一代工作委员会组织编写的《教子有方：知心育儿 100 招》一书，在这方面就做了很好的示范，确实可圈可点。

该书的出发点是“读懂孩子”，终点是“言传身教”。通过身心发育、学会学习、人际沟通、情绪管理、行为习惯、亲子成长 6 篇内容，设置 100 个小问题，创设 100 种小场景，分享 100 种家长/教师和孩子不同的心声，再提供有效应对方法，可谓匠心独运。该书在问题的选择上，首先是考虑家长的需求，与时俱进又接地气，问家长所问，想家长所想，答家长所困；在问题的解答上，渗透了一些教育学、心理学知识和原理，结合孩子身心发展的特点和规律，具有针对性和可操作性；在内容的表达上，形式多样，有问答式，也有观点罗列，有条有理，简明扼要，使心理和教育理论的着力点更加精准，确实是用心良苦。我以为，在目前林林总总的家庭教育类图书中，此处风景独好，且一定会独领风骚，理由有二。

一是“读懂孩子”。该书告诉我们，教育孩子的前提是读懂孩子。读懂孩子就是“知心”，“知心”方能育儿，最终才能寻得“良方”。家长要先知自己的“心”，更要知孩子的“心”。就家庭教育而言，就是家长的“心”与孩子的“心”之间的互动，体现在亲子间沟通、交流、碰撞、和解的过程中。在家庭成员的需求中，家长与孩子是有显著区别的。孩子更多的是为了满足“安全”“自尊”“爱与归属”这三大层次的心理需求，家长更侧重于“自我实现”的需求，想方设法让自己的愿望在孩子身上实现。显然，这里存在一个“剪刀差”。只有读懂孩子“心声”，才能觉知自己“心声”，从而体会两代人“心声”的差异。把握了孩子的心理特点与基本的人性需求，再复杂的问题也会迎刃而解。反之，不了解孩子行为背后的心理诉求，家长只是站在自己的角度去教育孩子，简单的问题也会复杂化。而问题一旦复杂化，孩子的成长就有可能扭曲，亲子关系就会遭到破坏，家庭幸福感也会降低。因此，如何填平孩子与家长之间的“堑壕”，既需要双方妥协、相互理解，更需要知己知彼、共同成长。

二是“言传身教”。该书告诉我们，教育孩子的关键是言传身教。俗话说，有其父必有其子；又说，千教万教不如言传身教。大量教育实践证明，家长素质不仅是家庭教育中强有力的教育因素，更是决定家庭教育质量最为根本的因素。因此，家长要“望子成龙、望女成凤”，需先育己，使自己真正成为有底气、腹有诗书的“硬核”父母。孟母“断机教子”的故事深刻揭示了家长是孩子最好的“教科书”，家长的一言一行都是孩子学习的教材。“其身正，不令而行；其身不正，虽令不从。”家长的素质——学问、修养、才能，特别是勤劳、诚信、善良、积极上进等美好的品德，无不对孩子起着榜样示范和潜移默化的教育作用。成功的家庭教育经验也表明，家长的素质很大程度上决定着孩子未来所拥有的力量和品质。家庭教育是一点一滴言传身教的结果，家长的一举一动都是孩子学习的对象。与其苦口婆心“讲道理”，不如言传身教“亲力行”。因为在家庭中，孩子会不自觉地把家长作为最亲近、最直接的模仿对象，他们从父母的观念和行为中获得智慧，明白事理，形成自己的心理定式和人格特征。因此，家庭教育为孩子的人生打上了底色，更为孩子建立对社会和世界的正确认知起到了榜样示范的作用。《说文解字》对于教育的解释是：教，上所施下所效也；育，养子使作善也。要想突破家庭教育这道难关，家长应把家庭教育的着眼点、着力点放在言传身教、以身作则上，在孩子面前做好“现身说话、现场直播”。

确实，家长是一种身份，更是一种责任。他们不但是家庭教育的责任主体，而且是孩子健康成长的第一责任人。许多家长主观上有着很强的家庭教育期望，但是客观上发现自己对如何教育好孩子束手无策、力不从心；原有的“碎片化”经验远远支撑不起现代家庭教育的需求，于是无意中不自觉地进入“自动驾驶模式”。此时此刻，我诚恳建议：放低身段，放下手中千头万绪的工作，按捺住躁动不安的心灵，专心致志地读一段《教子有方：知心育儿 100 招》，也许你会茅塞顿开，到达“柳暗花明又一村”的境界。因为科学的家庭教育从来不只是经验的启动，其背后蕴含着内在的逻辑和科学规律。如果家长缺乏正确的家庭教育方法，以不变的教养方式和认知模式教育新时代的孩子，难免会走上“刻舟求剑”式的家庭教育老路。因此，帮助家长按下经验主义的“暂停键”，启动科学养育的“任务管理器”，是推动家庭教育事业蓬勃发展的关键。我想，这也是《教子有方：知心育儿 100 招》一书的组织者、编写者、出版者的共同心愿和期盼。

十年树木，百年树人。从历史上看，任何时候，家庭都与时代同呼吸、共命运。可以说，家庭既是社会发展的“上风口”，也是社会现实的“风向标”，更是时代精气神的“浏览器”。实现“健康中国，幸福中国”的目标，需要每一个家庭、每一位家长和全社会的共同努力；让每一个家庭的和谐幸福成为解锁中国梦的密钥，这便是新时代家庭教育的使命与担当。毫无疑问，“长风破浪会有时，直挂云帆济沧海”。等着吧，这一天终会来到！

是为序。

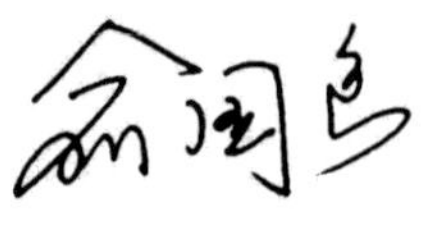

2023 年 6 月 9 日

（俞国良，浙江杭州人。中国人民大学心理健康教育跨学科平台首席科学家；教育部中小学心理健康教育专家指导委员会秘书长和普通高等学校学生心理健康教育专家指导委员会副秘书长）

推荐序二

倾听孩子的心声

每一个问题学生的背后往往都有一个问题家庭，如何给问题家庭排忧解难，提供有价值的、有操作意义的建议？杭州市西湖区关心下一代工作委员会领衔，组织杭州市西湖区教育发展研究院和区内优秀教育工作者，本着科学、严谨、负责的态度，撰写了《教子有方：知心育儿100 招》这本书，我觉得很有意义。

在书稿形成之前，作者团队就与学校、教师和家长进行了多次沟通，采用问卷调查、现场访谈等方式，从家长、教师提出的数百个问题中筛选出 100 个有代表性的问题，这些问题主要表现在学习、情绪、人际交往、青春期发育等方面。

学习问题是广大家长和教师最为关心的，其中严重的又称学习障碍或者学习不能。这类情况在小学生中比较常见，约占学龄儿童的5%～ 10%。每所学校总会有一些具有多动或者读写障碍的学生，这些学生的智力往往正常，却在学业成绩上表现较差；在行为上往往不守规矩，易激惹，甚至有攻击性，容易惹祸。

具有情绪问题的学生在情绪感受中严重脱离现实，往往以一种妨碍问题解决的操作和自我挫败的方式来应对外部事件，并表现出种种因植物性神经系统功能紊乱而导致的躯体症状。情绪问题包括考试焦虑、厌学、自卑、抑郁甚至是严重抑郁。

具有人际交往问题的学生在与同学、老师、父母交往过程中，往往由于感情不和、观念差异、行为不当、沟通受阻等引发人际关系紧张、冲突或退缩。当事人大多伴有持续消极的情绪体验，会影响正常的学习和生活。

还有就是青春期发育问题。如青春期孩子的体像烦恼、异性交往过早过密等。

造成中小学生心理和行为问题的原因众多，其中相当大一部分来自家庭。据武汉市教育指导与心理咨询热线对咨询的统计情况看，90%左右的小学生心理问题、60%左右的初中生心理问题及40%左右的高中生心理问题与家长有关。从浙江省教育厅相关的文件中也可以查阅到孩子出现危机事件80%以上是家庭原因导致的。

由于家长的过分要求和不当教育，以及对孩子学习能力发展的限制和破坏，容易使孩子出现考试焦虑、情绪抑郁，甚至无法融入学校的正常学习和生活。还有相当一部分家长存在语言伤害、行为伤害（体罚）、态度伤害（不尊重、讽刺挖苦等）的行为。有的家长甚至采用偷听电话，偷看短信、日记、QQ、微信，跟踪盯梢等不当方式，导致亲子关系恶化。所有这些，都有可能使孩子蒙上心理阴影。心理问题和疾病出现在孩子身上，病因根源却多在父母身上。

针对以上中小学生教育存在的各种问题，作者团队从“家长/教师心声”“孩子心声”“问题解答”三个维度进行了分析和解答。本书在导语的编排上抓住要点，简明扼要，对于读者的阅读具有导向性；在案例的选择上具有典型性、代表性；书稿的体系类别清晰，条理分明，具有逻辑性；全书内容渗透了心理学基础知识和家庭教育原理，体现了中小学生身心发展的特点和规律，具有科学性、先进性和可操作性。相信本书的出版能够帮助家长减少或消除教育过程中的困惑，使心理学知识和家庭教育理论的运用真正落到每个家庭教子过程的实处。

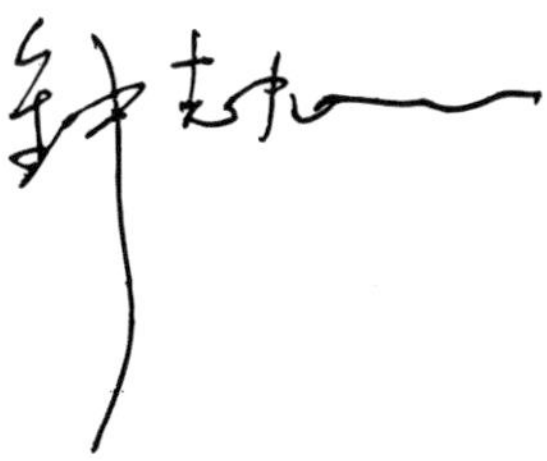

2023 年 6 月 19 日

（钟志农，浙江杭州人。心理健康教育专家、家庭教育专家、全国首位心理健康教育特级教师、全国中小学心理健康教育首届“十佳专家”、浙江省首届“十佳家长”。曾任全国中小学心理健康教育专业委员会常务理事、教育部“中小学生积极心理品质调查研究”课题组专题副组长，现任全国名师工作站联盟心理健康教育专业指导委员会主任、浙江省学校心理学与心理咨询专业委员会副秘书长、浙江省中小学心理健康教育专业指导委员会专业委员）

教子有方

知心育儿 100 招

目 录

身心发育篇

TIPS:1～11

学会学习篇
TIPS:12~32

人际沟通篇

TIPS:33～45

情绪管理篇

TIPS:46～58

行为习惯篇

TIPS:59~84

亲子成长篇
TIPS:85~100

教子有方
知心育儿 100 招

身心发育篇
TIPS:1～11

不知不觉孩子长大了，从原来的小不点长成了小伙子、大姑娘，个头也蹿到和爸爸妈妈一般高甚至更高。他们开始喜欢照镜子，拨弄自己的头发，追逐时尚，讲究打扮。从他们的口中已经很难听到“我爸爸怎么说”“我们老师怎么说”，而是“我朋友这么说”“我是这么想的”。他们开始关注异性，情绪起伏不定……

这是源自孩子进入青春期而产生的变化。青春期是指由儿童阶段发展为成人阶段的过渡时期，是人身心发展的重要时期，一般指女孩 10 ~ 18 岁、男孩 12 ~ 20 岁的时期。对于每个孩子而言，这都是一个漫长的过程，也是一个生理和心理都会发生巨大变化的过程。在这个过程中，个体会迷茫，也会产生混乱。因此，对少男少女来说，青春期是人生中最关键、最困难，同时也是最需要成年人理解和帮助的时期。

作为家长，我们要看到青春期是一个人生命成长过程中不可逆转的发展阶段，它自有其发展的规律，我们要做的就是去了解它，接纳它，学习它。我们可以引导孩子去看到自己，也看到这个真实的世界。我们要告诉孩子事实，而不是观点，因为事实是客观的，而观点是因人而异的，只有告诉了孩子真相，孩子才会真正相信你，去迎接这个美好与危险并存、令人心动又困惑的世界。你要相信孩子是自我成长的专家，他们有能力去了解自己、了解他人、了解世界。我们还要去培养他们选择的能力，因为孩子长大了，他终究要自己走上追求独立和幸福之路。

1 孩子讲究穿着，有些衣服穿一次就不愿再穿了怎么办

问题描述

许多家长发现，孩子在进入青春期后，开始更加注重自己的长相、身材和穿着。尤其是在穿着方面，孩子不再像小时候一样，听从父母的安排，而是选择追随潮流，自己穿搭。父母购买的衣服，甚至是自己选购的衣服，有时候穿了一次就不再穿了，孩子的这一行为对许多家长都造成了一定的困扰。

家长心声

我觉得孩子现在应该事事以学业为重，把所有的注意力都放在学习上。孩子太讲究穿着，爱打扮，肯定读不好书，因为心思都放在打扮上了。有时衣服穿一次就不肯再穿了，实在太浪费，扔了又可惜。该怎么办呢？

孩子心声

家长总是喜欢帮我们决定穿什么衣服，总是把我们当成小孩子看待，他们从来都不尊重我们的想法，有时我们也只是想和家长对着干，

他们想让我们穿什么，我们偏不听他们的。当然，有时也是因为他们的眼光确实不行，看到同学们穿得很漂亮，心里会羡慕，也会产生一些攀比心理，如果自己的穿着被同学笑话，那会很丢人的。

问题解答

针对孩子们“讲究穿着，有些衣服穿一次就不愿意再穿”等不合理行为，家长需要通过教育和沟通，对孩子的自我审美和审美能力进行正确的引导，避免孩子因为自身的外在“缺陷”或者“弱点”而引起心理烦恼。那么具体而言，家长们可以怎么做呢？

首先，更加关注青春期的审美引导。青少年容易对自身的外貌存有认知偏差。在进行家庭教育时，父母不应把关注点放在行为本身，而要帮孩子树立正确的审美观。要特别注意对孩子进行形体及性别方面的教育，帮助他们正确认识并接纳个体外貌、性别的差异，多采用鼓励、夸奖的方式，引导他们树立“健康为美”的审美标准，而不是将穿着作为主要的审美指标。另外，还应引导孩子以更加积极的态度对待自己的外貌形象，以免受到媒体宣传和同伴攀比带来的不良影响。

其次，尊重孩子着装上的选择。很多孩子衣服穿一次就不穿了，主要是因为衣服选购被父母包办，自主权没有得到发挥。实际上，个体之间存在差异，父母与孩子在衣服审美和品位上存在偏差是很正常的。因此，在购买衣服的时候，父母可以与孩子商量，确认孩子是不是真的喜欢。如果孩子不愿意父母和自己一起选购，那么只要是在公众环境下可以接受的、价钱合适的衣服，父母就应尊重孩子自己的选择。

再次，与孩子共同讨论穿衣打扮。青春期的孩子对自我的认同在一定程度上与自身的穿着打扮相关。因此，父母不要轻易否定孩子的着装，这很可能会被孩子误解为家长在否定自己。父母首先要接受孩子在意穿着的行为，在此基础上，尝试了解孩子的穿搭喜好，还可以和孩子一起讨论服装的款式。对于三思后选购的衣服，孩子仍然觉得过时了，穿一次就不再穿了，家长可以尝试与孩子讨论“如何搭配能让这件衣服穿着更好看”。新的搭配方式，可能会使孩子重拾对衣服的喜爱。

最后，协商“不愿穿的衣服”的去处。孩子实在不愿意穿的衣服，可以放在衣柜里，有可能孩子过段时间会再次想穿，只是当下阶段不想穿了。如果孩子确定不会再穿，那么家长可在条件允许的情况下，和孩子一起将衣服捐赠给偏远山区的孩子，培养孩子献爱心、做公益，为社会做贡献的良好价值观念。

总而言之，爱美之心人皆有之，父母需要尊重孩子对外表的关注，但同时也需要对一些不合理行为和负面情绪进行正确的教育和引导。宜多采用沟通协商的方式，而不是批评指责的话语，相信孩子们会在正确的引导下度过美好的青春期！

2 小学高年级女生偷偷看言情剧怎么办

问题描述

“双减”背景下，课余自主安排的时间多了。下课了，有同学悄悄地跟老师说，小莉最近经常和同学们津津有味地谈论一部言情剧。这部言情剧正在热播，共有 50 多集。老师向小莉了解情况，小莉毫不隐瞒，说是边写作业边刷剧。老师询问家长，家长却说毫不知情。

家长心声

我家孩子学习成绩不错，每天按部就班地上学、放学，自己很有主见，不需要大人太操心。家里还有弟弟，比较调皮。为了不让弟弟干扰姐姐，姐姐独自待在自己的房间里写作业。她说要手机查看资料，我就给了她手机。孩子平时会打半小时左右的小游戏，我们是允许的，不料现在她竟然堂而皇之地看起言情剧来了，该怎么办呢？

孩子心声

我自认为学习成绩还不错，很轻松就能完成老师布置的作业，空下来的时间拿家长的手机打小游戏。看剧比打游戏更有趣。我一边写作业一边看剧，剧中故事太精彩了，电视剧主角是我的偶像。老师说我作业质量下降了，这几次小练习完成得不好。

问题解答

小学高段女生沉迷于言情剧，是因为许多复杂微妙的情感投射到曲折的故事中并得到共鸣。孩子一个人在房间里写作业，家长监督缺席，她偷偷看剧就像加入了“调味品”；小学高段女孩有了偶像，将更多的心理需求代入言情剧中。遇到这些情况时家长可以这么做：

第一，建立良好的亲子关系。孩子看言情剧浪费了大量学习时间，还与家人之间产生了情感隔阂。家长可以抽出时间多陪陪孩子，多鼓励孩子讲一讲自己身边发生的事情，了解孩子的想法和心理需求。孩子与家长建立情感联结，有了归属感就无须在剧情中寻求心理认同。家长可以开展亲子共读活动，和孩子一起阅读老师推荐的读物，或是其他一些经典书目，既开阔视野，又获得美的熏陶。

第二，引导孩子合理安排学习活动。小学高段的孩子自控力还不强，家长在允许他们用手机查资料前，应先跟孩子商定好使用手机的时间和情境，让孩子接受大人的监督。孩子需要手机娱乐，也要事先协商好时间长短。家长可以引导孩子学会合理安排学习时间，多参加有益活动，如参加体育锻炼等。平时注意培养孩子的兴趣爱好，丰富孩子的生活体验。用通过有意义的活动产生的感受替代剧情中虚设的情感，让孩子真正获得心灵成长。

第三，加强青春期教育。小学高段的女孩迷上言情剧，说明孩子对异性、对婚恋都有朦胧的感觉。家长可以通过讲述自己的恋爱故事，陪同孩子阅读相关图书，让孩子参加学校青春期讲座等方式，引导孩子学习如何与异性交往，树立正确的婚恋观念，在心中埋下幸福的种子。

3 孩子开始发育了该怎么指导

问题描述

11 岁的孩子某天放学回家对家长说："今天，班里有个女生上课的时候，裤子上突然出现很多血，我们都不知道怎么回事。"家长应该如何引导孩子了解这些青春期的问题？又该如何和孩子进行沟通呢？

家长心声

青春期孩子的生理方面会有很多不同以往之处，其心理也在发生变化，各种问题频频出现，我们家长不仅经验不足，相关知识也很薄弱，不知道该怎么把握时机科学地进行教育。可以这么说，孩子青春期的到来确实让我们产生困扰，引发焦虑。

孩子心声

遇到这样的事情，大家都懵了，老师什么也没说，急匆匆地把她带走了。回家问了爸爸，爸爸也没给我说清楚到底是咋回事，真令人好奇……最近，我们班的男生也和往常有些不一样，个子最高的那名男生长出了胡须，还有了和爸爸一样的喉结，不知道什么时候轮到我……真希望老师、家长能给我们讲讲这些事情。

问题解答

孩子开始发育了，标志着他们逐渐进入了青春期，家长在这个时期不闻不问、撒手不管显然是不合适的，那么，该怎么指导他们呢？

首先，应冷静且准确地向孩子普及青春期的基础知识。告诉孩子，青春期是人体迅速生长发育的关键时期，也是继婴儿期后，人生第二个生长发育的高峰期，一般为 10 岁至 20 岁之间。青春期是以生殖器官发育成熟、第二性征发育为标志的，女孩和男孩进入青春期都有生理上或者心理上的变化，班级同学出现这样的情况，正是步入青春期的一个明显表现。由此，启发孩子思考一下，有没有发现自己和周围的同学身体有什么变化，鼓励孩子提出以前不好意思说的问题。

其次，需要借助一些图书、图片，让孩子进一步了解“人”的问题和“性”的问题。青春期，是时候向孩子说清楚他是从哪里来的了。这方面，有一些经典的绘本，比如《小威向前冲》，用生动的图画和简洁的文字清楚地讲述了精子、卵子、受精、遗传等知识，把很多家长难以启齿的问题讲得既科学又唯美，家长可以和孩子边看边讨论。青春期的孩子还可以看一些更深入的图书，家长要为孩子找找这方面的好书，和孩子一起学习。要让孩子从中了解第二性征的发育有哪些表现，尤其是对自己身体上当下及今后几年即将出现的各种变化做到心中有数（如男孩声音变粗，胡须和腋毛开始长出，生殖器官也逐渐向成熟的方面发展，身体变得高大威猛，长出阴毛，睾丸和阴茎增大，性腺发育成熟，开始有遗精现象，等等）。

再次，要传播正确的性价值观与性态度，进行必要的青春期性教育。青春期男孩、女孩的生殖器官发育逐渐成熟，有了生育能力，因此，需要科学地认识什么是两性之间健康而文明的关系，培养孩子的自尊感和自信心，让其学会对自己、对他人和对社会负责任。要引导孩子洁身自爱，学会自我保护，防止性骚扰和性侵害，维护自己与他人的性健康。

另外，还需要告诉孩子，任何时候在生理、心理上有什么问题都要及时告知家长，父母随时愿意为他们提供帮助。

4 如何与青春期的孩子聊学习

问题描述

家长常有这样的感叹：青春期的孩子太难沟通了，尤其是一问学习状况，孩子就炸毛："你一天到晚问学习，烦不烦！"作为家长，很想了解孩子的学习状态和学习情况，帮助孩子提升学习成绩。那么究竟该如何与青春期的孩子聊学习呢？

家长心声

孩子学业压力不断增加，我们家长也越来越焦虑。担心孩子跟不上，担心孩子竞争不过别人，担心孩子升学时上不了好的学校，心里总有一万个担心，所以，我们时时刻刻盯着孩子的学习，天天和孩子闹矛盾，导致亲子关系越来越紧张。孩子最不喜欢的就是我们和他说学习的事，但不说又是不可能的，那么究竟该怎么说呢？

孩子心声

父母一天到晚盯着我的学习，监视着我的一举一动，和我聊的话十句里面有九句是关于学习的，听得耳朵都起了茧。学习压力本来就不轻，我自己也很想取得好成绩，在面临学业挑战、情绪困扰问题时，我希望父母能理解、关怀、包容和帮助我，而不要成为只管我学习的“猫头鹰”。

问题解答

孩子进入青春期，生理和心理变化都很大，想让他们愿意和家长聊学习，对家长敞开心扉，下面这几点特别关键。

首先，不做“功利型父母”，情感连接是关键。很多父母和孩子虽然每天生活在一起，但双方真正的情感交流却很少，父母一般多关注孩子的学习、作业、手机等使用情况，至于孩子的心情、学习压力、人际关系等，父母往往比较容易忽略。所以孩子认为父母只在乎学习，根本不关心自己，这就切断了亲子之间良好沟通的路径。只有当孩子在家庭中感受到爱与关心，感受到被尊重、被肯定、被信任，情感得到满足后，他们才会信赖家长，才愿意对父母敞开心扉。

其次，不做“伪沟通父母”，哪壶不开提哪壶。

“你现在都读八年级了，最关键的时候，还这么不用心！”（责备）

“你再玩游戏，我马上把手机没收！”（威胁）

“你怎么不能像你表哥一样，不用大人操心，成绩又好。”（比较）

诸如此类，父母用责备、威胁、比较等方式对孩子的“高频率说教”，不仅不能起到沟通的效果，还抑制了孩子与父母进行沟通的欲望。有效沟通需要“哪壶先开提哪壶”，如果孩子期中学科考试整体考得不错，但数学学科有些不足，家长要从肯定入手：“这次考得不错，科学进步很大，语文、英语也不错，妈妈真为你高兴！”千万不能只关注弱项，一味指责孩子数学不够好。应在父母和孩子关系融洽的基础上再进一步沟通解决问题的方法，改命令指责为商量建议，这样就能达到事半功倍的效果，让孩子愿意接受家长的意见和帮助。

再次，不做“抱怨型父母”，信息模式要选对。面对孩子的不良行为，不少父母多次强调，该如何如何，却收效甚微。比如，孩子考试成绩不太好，没敢告诉你，你问了老师才知道，因此你立马来气，对孩子加以训斥：“你看看你，哪件事情做得好？做作业拖拖拉拉还没改正，现在又学会隐瞒成绩，你不仅懒，而且还不求上进！”孩子听了这样的话是无法心平气和地与家长对话的。多运用“我—信息”模式与孩子沟通，效果会更好。“我—信息”沟通模式由“描述孩子的行为”“说出你的感受”“表达你的需求”三个部分组成，由于“我—信息”沟通模式是平和的、坦诚的，所以它会促使孩子坦诚地回应父母，有效避免了案例中破坏性的亲子沟通。例如：

描述孩子的行为：“今天的测验成绩出来你并没有主动告诉我。”

说出你的感受：“我感到很不开心，也感到很疑惑，是什么原因使你不愿意告诉我？是不是觉得我会骂你？或者是担心我会对你毫无帮助地唠叨一通？”

表达你的需求："希望我们在你心中是可以信任、可以求助的人，你能让我们了解你真实的情况，我们随时可以帮助你。"

5 孩子过于关注自己的容貌有问题吗

问题描述

一次家长沙龙结束后，一位母亲来找我咨询，说她读八年级的女儿以前一直都很听话，但前几天和她闹了矛盾，而且是“从来没有过的歇斯底里”。起因是什么呢？学校橱窗公示栏里需要贴一张女儿的一寸照片，但女儿死活不愿意到家门口的照相馆拍照，坚持要去一家既远又贵（提供化妆、服装搭配和图片精修）的照相馆拍摄，她不同意，孩子周末在家就又哭又闹，折腾了一整天，搞得她心力交瘁。孩子变得这么在意自己的容貌，是不是有什么问题？

家长心声

乖女儿这次的“歇斯底里”让我措手不及，且感觉她这次不可理喻。她喜欢的那家照相馆离家远，我一口就否决了，没想到她竟然会闹得不可开交。怎么也想不通，从小到大，女儿拍证件照都去家门口的照相馆拍，为什么这次就不行了呢？小小的一寸照贴在墙上有谁会关心？而且放不了几天就会撤掉！周末作业不少，跑到老远的地方既花时间、精力，又花老贵的钱，根本就没这必要。孩子突然间变得这么在意自己的容貌，让我很担忧。

孩子心声

大家都夸我长得漂亮，对此我也很自信。这次学校橱窗里要贴我的照片，全校的老师和同学们都能看到，我当然希望自己的照片是美美的。我想去那家照相馆拍照，这要求并不过分，班里好几个同学也去那里拍过照，可漂亮了！但妈妈就是不同意，还“命令”我去家门口那个小照相馆拍，我才不去呢，那里拍出来的照片丑死了。更让我生气的是，我说用自己的零花钱去拍，妈妈还是不答应，我好委屈！

问题解答

孩子这次的“歇斯底里”并不是家长所说的“不可理喻”，其实是有原因的，家长如果能理解孩子，好好沟通，也不会闹成现在这样。

首先，要改变自己对孩子的态度，不当暴脾气的家长。当女儿提出要去自己喜欢的照相馆拍照的时候，家长就算内心不赞成，觉得没有必要，也不要用权威的口吻断然否定，更不要立刻发火，批评、斥责孩子，否则就易激起青春期孩子的逆反心理。一旦孩子的情绪爆发出来，那就成了“火星撞地球”，愈演愈烈。

其次，要改变和孩子沟通的方式，不做一言堂的家长。保持冷静和善的态度，多问问孩子的想法，请她自己说说理由。哪怕是提出反对意见也要用商量式的口吻，比如，“那家照相馆离我们家有点远，你作业还有这么多，我担心跑来跑去折腾大半天，你来不及完成作业。要不还是在家门口拍拍算了，你觉得呢？”这么说，也许执拗的孩子还是不会采纳你的意见，但至少不会导致“歇斯底里”，闹得不好收场。

再次，要了解青春期孩子的特点，不当“无知无畏”的家长。青春期的孩子生理变化大，自我意识和性意识觉醒，孩子由此关心、在意自己的容貌，关注他人尤其是异性对自己的评价，还容易冲动，情绪变化大，家长一定要重视。孩子爱美不是坏事，只要不过分，家长就应该支持、帮助孩子。比如，有的孩子满脸青春痘，严重影响孩子的自信心，家长就要关注这样的问题，及时带孩子就医治疗。了解了青春期孩子的这些特点，那孩子选择去自己喜欢的照相馆拍照这个想法也就可以理解了，家长不用因此产生不必要的担忧。

6 指导孩子防止性骚扰该怎么做

问题描述

一位家长前来求助。这位家长有一个开朗漂亮的女儿，现读六年级，担任学校大队干部，平时经常要到大队部参加各项工作。那天，她在学校围墙的栅栏外等女儿放学，不经意间看到那个帅小伙——刚参加工作的新任大队辅导员竟然搂着她女儿的肩膀站在大队部门口嘻嘻哈哈地说着什么，心里顿时咯噔一下，总觉得哪里不对。孩子没心没肺的，回家后她旁敲侧击了半天啥也没问出来。增强孩子的自我保护意识，指导孩子防止性骚扰，家长该怎么做？

家长心声

当今社会纷繁复杂，校园内外，个别儿童被性骚扰、性侵害的案例令人胆战心惊。亲眼看到已经发育了的女儿被一个男老师搂着肩膀的场景，我吓得出了一身冷汗，而女儿却浑然不知，实在令人担忧！也许是我们杞人忧天，但确实不得不防，女儿自我保护的意识太缺乏了！现在，女儿的安全成了我们家长的“心病”，我们每天都在为这事担心。

孩子心声

这段时间，班级里男生和女生的关系怪怪的，经常听到有同学在说，哪个男生喜欢哪个女生，哪个女生喜欢哪个男生，也不知道是不是真的。说实话，我也有自己喜欢的男生和男老师，但仅仅是喜欢而已，要是被别人知道了那可太难为情啦。那天，妈妈和我说起什么性骚扰、性侵害，也没说清楚，听得我一头雾水，真不知道妈妈到底想告诫我什么。

问题解答

对青春期的孩子进行青春期性教育，如让其了解如何防止性骚扰，远离性侵害，家长是最好的老师。

首先，家长应该教给孩子一些基本的原则，教育孩子保护自己。如：内裤、背心覆盖的部位是个人隐私部位，不准许别人触摸，除特殊情况外，对这些部位的触摸是犯法的行为；如果是医生看病、检查身体有需要，应有家长在场；一个人在家时应关好门窗，不独自一人接待外人；父母不在身边时不单独去邻居家串门、玩耍；一人外出时，不能独自去僻静处，应当尽可能寻找人多或有人员聚集的地方；天黑后，不一个人出家门；碰到可疑人员或处于危险环境时要适时择机呼救，要想办法逃跑和通知大人。

其次，家长一定要告诉孩子，要学会拒绝。尤其是青春期的女孩，除了参加学校组织的集体游戏等，不要和家人以外的异性男子有身体接触，哪怕是熟悉的、尊敬的师长也不行，如觉得对方是故意触摸，或者自己感觉不舒服的时候，要坚决抗拒，并在第一时间告诉家长。

再次，家长要提醒孩子，一定绷紧安全这根弦。网络上鱼龙混杂，青少年儿童一定要提高网络安全意识，不轻信他人，不进入色情网站浏览色情、淫秽图片，不观看色情影视及文学作品。网络聊天时不能轻易暴露自己的隐私，不能将自己的电话、学校、照片和家庭住址等敏感信息留给对方，坚决不能答应拍摄自己的隐私部位，或者通过摄像头给对方看自己的隐私部位，要懂得保护自己以及个人信息的重要性。还有，不能轻易和网友见面，尤其不能独自到营业性酒吧、网吧、歌舞厅、洗浴中心、酒店等地方见面。

最后，家长要教孩子在紧急状态中学会自我保护。如果发现被人尾随，要尽可能快速朝人多的地方行走，如天黑要往有光亮的地方走；如有人拦住去路，能跑则跑，边跑边喊，吓走坏人；如处在有生命危险的紧要关头，一定要记住：生命最重要，可以视情况呼救、逃跑；如在公交车上、娱乐场所等公共区域遭遇性侵害时，要注意观察，寻找各种反抗、求救、报案等摆脱危险的方式，并果断地采取行动。

7 如何培养小小男子汉

问题描述

现在部分男孩子缺乏应有的大胆、勇敢、果断、担当等品质，不免令人担忧。有段时间“寻找男子汉”曾是十分流行的口号。不少家长对自家男孩子的胆小、害羞、扭扭捏捏感到不满，希望能培养出一个小小的男子汉。

家长心声

我们当家长的，其实一直很纠结：俗话说“穷养男富养女”，虽说未必完全正确，但对于自家的男孩子，还是觉得应该让他吃点苦受点累，多参加活动，多进行锻炼，小小年纪受点挫折有好处。可是既怕花时间，又担心孩子承受不了。往往还是选择功课要紧，不愿让孩子多受累。再说孩子万一出现什么状况，甚至割破点儿皮，心疼不用说，还影响学习。

孩子心声

我们也喜欢大胆、勇敢、果断等品质，崇拜顶天立地的英雄，可爸爸妈妈常常这也不让干，那也不许做，不让我们冒一点点风险，不让我们做决定。有时候又觉得“小白脸”“小鲜肉”很帅很酷，“娘娘腔”也很搞笑，甚至感到“中性人”也很潮。对于自己要成为一个怎样的男孩子，常常很迷茫。

问题解答

如何培养小小男子汉？祖辈觉得很重要，父辈感到很纠结，孩子们自己觉得很迷茫。

首先，家庭成员要统一认识。让孩子明确今后应该成长为怎样的一个男子汉，比如勇敢、有责任心、敢于担当。家长可以在日常生活中，利用各种途径告诉孩子自己喜欢怎样的男人，不喜欢怎样的男人；在看电视、读书时也可以与孩子探讨哪些英雄人物是大家喜欢甚至是崇拜的，喜欢他们什么。在孩子的潜意识里注入“雄性”因子。

其次，家长（特别是爸爸）要做好榜样。父亲在孩子的成长中占有十分重要的地位，特别是大事当前所体现出来的沉着、冷静、勇敢与担当，都会对孩子产生潜移默化的影响。若父亲缺位，则会影响孩子对这些重要品质的习得。当然，有时候母亲也要退一退，给父亲参与孩子成长留出空间。

再次，要利用各种机会多多锻炼孩子。好的品质不是一朝一夕形成的，是长期的反复训练的结果。要鼓励孩子积极参加学校里的各种活动，比如竞选班干部、参加运动会、学军学工学农等。家里的事也要让孩子多参与，遇到重大的事情，比如买房买车、工作调动，也听听孩子的意见，让他有参与的机会。

总之，多让孩子有锻炼的机会、劳动的机会、决策的机会，甚至是吃苦受挫的机会，这样培养出来的男孩子才会有韧性，才可能成长为一个大胆、勇敢、有责任心、敢于担当的小小男子汉。

8 如何面对青春期孩子的“恋情”

问题描述

进入八年级，各方面均非常优秀的班长居然“恋爱”了！“女朋友”是他的同班同学，相貌出众，学习能力较弱，有“两段感情史”。两个人上课下课有说有笑，有活动也总是凑成一组。听闻这个消息，男孩父亲十分焦虑，私下调查了女生的情况，欲联系女生家长。

家长心声

儿子这段时间在家里越来越不听话了，学习也变得不认真，批评他一句他还会顶嘴了，这都是因为在学校谈恋爱引起的。我辛辛苦苦培养他，他却不知道应该做什么，八年级这个时期太关键了，这样下去一定会耽误前途的。

孩子心声

我们两人只是同学间的正常交往，始于情止乎礼，是大人想得太复杂了。我是很欣赏小刘，但是我们并没有谈恋爱，爸爸这么说我，太不相信我了。我的成绩并没有下降，结果他还想去找小刘的爸爸妈妈，太过分了。

问题解答

当性意识觉醒后，处于青春期的青少年随着性机能的迅速发育和趋于成熟，心理上会产生微妙的变化，他们会对性产生好奇，会渴望了解异性，希望引起异性的注意和好感，这是非常正常的，也是很积极的一种现象。作为家长，要理解孩子的变化，接纳孩子的需要，而不是把它当作洪水猛兽。从心理角度看，男女同学的正常交往活动是有益无害的。男女同学的正常交往可以促使双方互补，对性格发育和智力发育都有益。进入青春期的男女同学都希望自己能够成为受同学注目和欢迎的人。为此，他们会尽力地改变自己、完善自己。这给孩子提供了一个自我发展、自我评价、自我完善的最佳心理环境，是克服自身缺点及弱点的好机会。

当然，在这个阶段，因为青少年的身心发展还不够健全，有些学生也可能陷入与异性过度交往的泥潭，这又该如何引导呢？建议有三：

第一，家长可以给孩子提供一些青春期教育读本，用科学的知识引导孩子的成长。这个阶段的青少年非常渴望了解自己，了解他人，与其让他们在疑惑中成长，还不如让他们通过学习，了解正确的知识。

第二，家长要不断学习，成为孩子成长路上的明灯。孩子在长大，家长也要与时俱进，了解孩子成长的规律。例如与异性交往，一般每个青少年都会经历四个阶段——疏远异性期、接近异性期、眷恋异性期（爱慕期）、择偶尝试期，家长可以根据不同的时期引导孩子如何正确地和异性交往。当孩子有困惑时，家长还可以借用自身当年的经历，拉近与孩子的距离，引导孩子与异性健康交往。

第三，家长要明确孩子与异性交往的界限，避免孩子过度交往。要注意交往的尺度：在参加集体活动中主动交往，少单一交往或不随便接受异性的单独邀请；与异性交往应该保持一定的距离，坚决拒绝亲吻、抚摸等“边缘性行为”；积极培养正常健康的青春期友谊，不轻易向异性表达爱慕之情，慎说“我爱你”；与异性交往适宜选择在公共场所，不随意单独进入异性的私人住宅或卧室；与异性交往要做到尊重、理解对方，不做伤害对方，让对方难堪、痛苦的事。

如果青少年交往可以做到集体交往、保持距离、言语得体、场合恰当、互相尊重，那就是正常的异性交往；如果超过了限度，家长就需要加以及时引导，加强沟通与管理。

9 如何应对孩子与异性之间过于亲密的行为

问题描述

九年级的一名女生和一名男生确立了男女朋友关系，总是会相约放学后一起回家。慢慢地，他们在网络上频繁私聊，周末一起出去逛街、看电影，他们也尝试着在影院、公园牵手和接吻。有一次，男孩的父母外出，他就邀请了女孩去他家做作业。这件事被女孩父母知道了，他们来到学校，要和老师一起处理这件事情。

家长心声

孩子还小，这时候怎么可以谈恋爱呢？他们根本控制不了自己的感情，只会分散学习的注意力，影响学习成绩。而且我实在很担心孩子会出事情，女孩子怎么可以单独去男孩子家里？万一受到伤害，怎么办？

孩子心声

我很喜欢小王，因为只有他最理解我，明白我要什么。爸爸和妈妈关系一直很冷淡，爸爸总是很忙，妈妈要带弟弟，平时根本顾不上我。谈恋爱根本不会影响学习，我的成绩反而提升了。这次我去小王家，也是为了学习。他们总是担心这个担心那个，一点都不相信我，还到学校里来处理这件事，闹得满城风雨，我恨死他们了。

问题解答

从上面的案例来说，这两名九年级同学关系比较密切，已经出现了一些“过密”行为，例如亲吻。作为家长，要如何应对呢？

首先，作为家长要理解这个行为背后的深层次原因，找到问题的根本。对于每一个青少年而言，在青春期，他们都非常渴望获得爱与尊重，以及自身存在的价值感。男女生交往若超过了界限，甚至出现“过密”行为，往往背后折射出他们缺少爱，缺少从同伴和同性身上获得价值感的现象。所以家长应该问问自己：“我们家庭是否给了孩子足够的尊重和爱，让孩子找到了自身的价值感？”如果没有，就要改变自己，改变家庭，营造充满爱的家庭氛围，改善亲子关系，为孩子补足缺失的东西。

其次，家长要与学校加强协作，提升孩子的同伴价值感与同性价值感，当孩子的这两种价值感增强了，对异性价值感的需求也会随之降低。这两种价值感往往来源于内在的发展与外界的评价，所以家长要鼓励孩子加强体育锻炼，提升身体素质，注意仪容仪表，在学校积极参与集体活动，展现自己的才能，获得良好的评价。

最后，家长应该建好孩子性保护的三道防火墙：

第一，避免“边缘性行为”，指导孩子不单独和异性待在封闭的空间里，不接受强烈的性刺激。女孩子加强自尊教育，男孩子加强责任教育。

第二，指导孩子在面对异性朋友发出的“性邀请”或提出的“性要求”时，学会拒绝。拒绝一定要坚定、有力，希望对方尊重自己——如果你爱我，你就一定不会让我做我不愿意的事情。

第三，避免怀孕，万一怀孕了要学会求助。要指导孩子学会避孕，万一怀孕了要求助于父母、老师、社会公共服务机构，如“少女援助中心”“生殖健康中心”等。

尽管我们不愿意看到孩子过早与异性发生过于亲密的行为，但是面对这种可能性，家长还是要做好对孩子的保护，无论在什么时候，家长都要告诉孩子：“无论发生什么事，你都可以告诉我们，我们永远爱你。”

10 教师如何应对青春期孩子的情绪爆发

问题描述

在食堂排队时，一个男同学被另外一个同学不小心撞了一下，情绪突然爆发，勃然大怒，一拳打在撞到他的同学的脸上，嘴上还骂骂咧咧的。

教师心声

一个平时还算乖巧的学生突然情绪爆发，着实让我很惊讶，也有些生气。无论什么理由，打人肯定是不对的。这个阶段的孩子真的很难管教，很多人脾气都很大，平时不声不响，一旦来事就是山崩地裂，做法很极端。我也努力想帮助这样的孩子，但是效果不是很好，很难走进他们的内心。

孩子心声

我知道自己不应该打同学，但我真的不是故意的，我心里实在太苦了。爸妈年前离婚了，本来周末可以见一下老爸，现在老爸有女朋友了，周末也见不到了；家里的阿姨也换掉了，新来的阿姨年纪大，我跟她无法沟通；外公得了癌症，老妈这段时间带着外公到处求医。我什么忙也帮不上，爸妈人也见不着，我感觉自己很无能，也很多余。

问题解答

每个人一出生就有自己的气质类型。不同气质类型的人，其自我情绪管理能力不同。多血质的人热情却又浮躁、易变，他们的情绪容易产生也容易消失，体验不深刻。黏液质的人善于克制忍让，严肃认真，却又不够灵活，他们的情绪相对稳定又容易自我压抑。抑郁质的人外冷内热，多愁善感，他们的情绪体验很强烈，容易消极而无法排解。胆汁质的人，一遇到事情反应迅速，脾气急躁，心境变化剧烈，易动感情。

青春期孩子的情绪往往非常极端且变幻无常，面对他们的情绪爆发，很多家长与老师都会很生气，认为孩子无理取闹，无法无天。但我们更应该看到这个阶段孩子的发展规律，他们很想控制却很无力，我们要理解他们，帮助他们。

首先，我们应该给出足够的时间和空间让孩子的情绪稳定下来，否则其情绪一旦叠加，问题只会愈演愈烈。所以当孩子情绪爆发时，关键是控制住他的行为，不让破坏性的影响继续发生，而不要试图去讲道理，处理问题。

其次，等孩子的情绪平复了，我们应该让孩子充分倾诉，让他自己说明情绪爆发背后的原因和感受，让负面情绪自然释放。

再次，我们要学着倾听和共情，一个压抑很久情绪爆发的人往往有些敏感，有些被动，这时候更需要有人用心去理解他，明白他心中的苦。可能一下子他未必会打开心门，但如果真诚以待，孩子总会慢慢信任你的。

最后，我们要帮助孩子发现问题，找到应对的方法，避免下次再遇到这样的情况仍然采用情绪爆发的方式。可以指导孩子学习一些释放情绪的方法，例如远离让自己产生情绪的地方、心中默念数字、找人倾诉、运动等。

11 孩子出现叛逆行为怎么办

问题描述

孩子读九年级了，曾经的他充满自信，做什么事都有劲。上初中后，孩子就开始有点小叛逆，嫌家长管得太多，家长也没有认识到问题的关键症结，对他还是以管教为主。慢慢地，他就不愿跟家长说话了。总跟家长对着干，家长说啥他就偏不做啥。有一次下雨，家长让他拿件雨衣再出门，他偏不拿，宁可淋雨去学校也不愿打伞或穿雨衣。家长现在既焦虑又担心。

家长心声

我们做家长的也知道叛逆期是每个孩子都会经历的阶段，更是我们家长需渡过的“难关”！尽管我们知道这个道理，也阅读过不少这方面的图书，但是我们没有相关的经验，在与孩子实际沟通时，仍习惯于采用父母辈对我们的教养方式，总是觉得孩子还处于幼年期，他很多事情还不懂，需要我们指导甚至管教。然而，一说他他却更加暴躁，有时候小矛盾甚至会演变成亲子冲突。

孩子心声

初中生活压力大，我白天要上课写作业，没有一刻是放松的。所以我会选择打球、听音乐、玩游戏等方式娱乐放松，获得即时、充足的成就感体验。但是我的父母总是不愿让我获得片刻休息，一看到我在休息就会恼羞成怒地骂我，说我不爱学习、成绩下降等等。我起初还是抱着理解的心情，可是这样的次数多了，觉得他们就不正常了，我为什么要跟不正常的人讲话？

问题解答

孩子进入青春期后出现巨大的变化，包括自我意识的发展和性意识的觉醒，而且随着自我意识的成长，会对自我的掌控感有着更高和更多的要求。面对孩子的这些变化，父母出现紧张、焦虑的情绪是正常的，父母需要多多了解青春期知识，了解相应的沟通技巧，找到适合自己家庭的亲子沟通方法。可以从以下几个方面应对孩子的青春期叛逆。

第一，全心接纳。青春期是一个必经的过程，孩子产生叛逆心理有生理方面的原因，家长对孩子产生的叛逆情绪要理解和接纳，给予疏导，而不是一味地禁止。可以通过阅读《如何说孩子才会听，怎么听孩子才肯说》《每个孩子都需要被看见》等图书，更新自己对叛逆期孩子的认识。

第二，有效沟通。与青春期的孩子沟通时，少说教，多倾听，多听听他们内心的真实想法。对于犯了错的孩子，不要过多地批评。要多询问、关心他发生了什么事，多认同他的伤心或难过。所谓同理心，首先要认同他这个人，然后提出："你觉得下次遇到这样的事你想怎么解决？"推荐阅读《正面管教》《P.E.T.父母效能训练》。

第三，无私关爱。每天要多问问孩子："今天有什么需要爸爸妈妈为你做的吗？"多了解他感兴趣的事，有条件的话，家长可以与孩子一起从事他感兴趣的事，哪怕是适度地"追星"、玩游戏，在共同的生活、娱乐、学习中播下爱的种子。

教子有方
知心育儿 100 招

学会学习篇
TIPS:12～32

“双减”背景下，孩子们有了更多自主安排学习的时间，但许多孩子独立性不够，在学习上还需要借助外界力量的约束。孩子能否合理进行有效学习，提高自主性和自律性，成为家长们最关注的话题之一。

有的孩子学习时容易分心，周围稍有动静就东张西望；有的孩子对学习有畏难心理，遇到难题就想放弃；有的孩子不能合理安排时间，迷恋读“闲书”……

当孩子在学习上遇到这些问题时，家长怎么办？是简单地说教还是耐心地倾听？是指责抱怨孩子“不用功”还是和孩子站在一起探寻原因，共同面对问题？是以高压的姿态逼孩子盲目练习还是给予孩子有针对性的指导和帮助？也许你此刻心中就有答案，却苦于缺少方法引领。

家长该如何营造良好的学习场域，引导孩子提升抗干扰的能力，更专注于学习？家长该如何鼓励孩子，以尊重唤起孩子自尊，助力孩子在求学道路上攻坚克难，越战越勇？家长该如何给予孩子合理的期待，让孩子能形成较高的自我评价，从而推动自己更积极地完成学习任务？

学习贯穿着我们的整个人生。作为孩子的第一任老师，家长温情的陪伴、真诚的关注，必能给孩子创造更广阔的自主学习空间，提升孩子的自我驱动力。

在本篇，我们选取了家长和教师关于孩子学习常见的一些典型问题进行分析解答，相信能给大家带来一些启发，全力陪伴、支持、引领孩子成长！

12 如何培养孩子独立思考的能力

问题描述

一天，慧慧的爸爸读到高斯 8 岁时就发现了著名的数学定理时，感到十分吃惊。这时，即将要读小学三年级的慧慧恰巧走了过来。他喊住慧慧说："爸爸考你一道题好不好？从 1 一直加到 100，等于多少？"慧慧拿起笔在纸上认真地算了起来，好一会儿，她有些着急了，嘟着小嘴说："这么多数相加，也太难算了吧！"爸爸看出了慧慧想要放弃的心思，便鼓励她说："你可以先试着去寻找这些数字之间有什么规律……"于是，慧慧又低头思考起来，过了很长时间，慧慧还是想不出来，说了句："实在太难了！"就放下笔跑出去玩了。

家长心声

爱因斯坦曾说过："学会独立思考和独立判断比获得知识更为重要。没有独立思考习惯的人，将失去生活最大的乐趣。"而且，随着孩子年龄的增长，独立思考并解决问题的能力无论是在学业还是生活上，都显得越发重要。因此，对于处在成长关键期和行为习惯培养关键期的小学生，父母应该如何培养孩子良好的独立思考能力，是值得探讨的话题。

孩子心声

刚上小学时，我的识字量不大，都是爸妈读题，我做题。到三年级，老师要求不能再由父母帮助读题了，我只能自己面对一些难题。有些简单的题，我还是可以很快做完的。但是遇到有难度的、不理解的题，我就不知道该怎么办了。特别是有些奥数题、“聪明”题，我连题目都读不懂！求助于家长和老师，他们只会跟我说：“请独立思考。”可是我都思考了好几遍了还是不知道才求助于他们的嘛。

问题解答

独立思考不是“撒手不管、静待花开”。心理学研究表明，孩子从 3 岁开始逐渐拥有独立思考意识，到了七八岁，孩子的独立思考意识进一步发展。在这两个关键期，父母需要多花些时间和精力，去引导孩子自主思考、解决问题。

首先，父母要给孩子自己做主的机会。父母在与孩子相处过程中，要经常和孩子商量，给孩子自己思考的机会。例如，孩子想报什么培训班，回家作业先做哪一项，周末想如何安排，等等。要给予孩子一定的自主空间，让其自主安排自己的学习和生活。父母可以在适当的时候给些建议。

其次，认真倾听，鼓励孩子说“不”。孩子的想法父母要认真倾听，并且鼓励孩子表达不同的意见：“你的想法非常独特，妈妈赞同你的提议。”“宝贝长大了，敢于对别人不合理的要求说‘不’，爸爸真为你高兴。”……父母激励的话语往往是触发孩子主动思考的能量源泉。

再次，培养孩子遇到困难时勇往直前、坚韧不拔的意志。孩子在成长过程中，一定会遇到各种困难。而往往面临困难之时，就是家长进行教育的契机。此时，父母要鼓励孩子多动脑筋去思考，激发孩子攻克难关的勇气，培养其坚持不懈的意志品质。

此案例中，慧慧的爸爸就是一个善于发现问题的爸爸，他善于给孩子提问题，只是缺少适时的引导和鼓励。当慧慧要放弃之时，如果他可以这样引导：“再仔细观察一下首、尾的数字有什么特别之处，说不定就有思路了！”孩子或许会重新开始思考。无论孩子最终是否能解决问题，家长都要给予鼓励：“你非常善于抓住细节进行思考，爸爸为你点赞！”这样不仅可以使孩子加深对知识的掌握，促进亲子交流，更有助于孩子身心的健康发展。

13 如何培养孩子耐心倾听的好习惯

问题描述

最近一段时间，妈妈发现当别人说话的时候，康康或者不认真听，或者插嘴，或者去做别的事情。有一次家里来了客人，妈妈陪客人说话，康康在书房写作业。刚开始还好好的，几分钟后康康跑出来，也不管妈妈在和客人聊事情，就直接插话，让妈妈给自己拿水果、零食吃。妈妈给他水果之后，他还时不时插上几句话，让妈妈十分尴尬。直到班主任老师向她反映康康上课的时候，总是喜欢打断老师讲课，弄得课堂纪律非常不好，希望家长加强关注教育，妈妈才意识到问题的严重性。

家长心声

“老天爷给了我们每个人两只耳朵，却只给一张嘴巴，就是让我们多听少说。”“耐心倾听老师的讲课，会让你获得扎实的学识；耐心倾听他人的意见，能让你学会反思和完善自己。”“善于倾听的人，与他人的关系也会非常融洽。”这些道理我们都一直讲给孩子听，可是他总是做不到耐心倾听，不管是在家还是学校，别人还没说完他就急着要发表自己的意见，或许他就是个急性子的人吧，可是长此以往也不是个办法呀！

孩子心声

随着年龄的增长，我对周围的事物越来越好奇，可是爸妈不像以前那么有耐心陪伴我说话了，他们总让我自己去玩，还说我话太多，让我听完别人的话再说话。可是如果听完别人的话后，我就忘记了呢？而且只要家里来客人，爸妈就不管我了，我只想加入他们，听听大人都聊些什么话题。我只是想跟他们聊聊天而已，可是爸爸妈妈却很不高兴。可能是大人世界的秘密不想告诉我吧！

问题解答

心理学上有一个半途效应，指的是人们在追求目标的过程中，由于心理因素和环境的交互作用，常常会在中途对自己能否达到目标产生怀疑，甚至对这个目标的意义产生怀疑，从而易导致半途而废。对于年龄不足 13 岁的孩子来说，他们心理方面的发展还不成熟，自我控制和情绪调控能力还比较差，很难做到耐心倾听别人谈话。针对孩子的这种情况，父母可以利用日常生活中的一些小事情来引导孩子，先帮助孩子养成耐心、认真做事的习惯，再逐渐让孩子学会倾听。

首先，父母要帮助孩子排除各种可能导致孩子失去耐心的诱因，让孩子学会全神贯注做事情。例如，孩子哭闹的时候，不要总用注意力转移的方法去安抚孩子；在孩子专心致志地做某件事的时候，父母要尽量避免干扰孩子；当孩子对某件事表现出浓厚的兴趣时，父母要适时引导、鼓励孩子坚持下去，久而久之，孩子就会变得有耐心。

其次，为了让孩子学会倾听，父母要特别注意言传身教，做一个耐心、专心、用心的倾听者。当孩子说话的时候，无论孩子说的是否正确，他的表达是否流畅，父母都不要轻易打断孩子。还要注意，在倾听时，千万不要一副表面上在倾听、实际上却在绞尽脑汁地想理由反驳孩子的样子。即使孩子的想法都是错误的，也不要嘲笑、训斥他，而是明确地告诉他错在哪里。这样有利于培养孩子诚实、坦率、开朗的性格，同时也有利于满足孩子的求知欲，丰富其生活经验，扩大孩子的知识面，还可以提升孩子的思维能力，增强他处理事务的能力。

总之，孩子认真倾听的习惯不是一朝一夕就能养成的，而是需要经历一个长期的过程，需要父母经常提醒和长期指导。

14 如何指导孩子按时完成作业

问题描述

我们班的小春同学，从一年级入学开始，无论是吃饭、做作业，还是排队、整理的动作都比较慢。进入三年级以后，作业量特别是书写的作业增加了，小春常常无法按时完成作业，甚至会做到晚上十二点。家长时时都在提醒、催促，心里烦躁甚至发怒，孩子往往在磨蹭、委屈、哭泣中结束一天。

家长心声

我的孩子干什么都慢一拍，进入三年级，可以说是境况“雪上加霜”。每天辅导家庭作业让我心力交瘁。能想到的办法都用了，该“凶”的时候也“凶”了，但是当看到孩子被训斥时委屈的眼泪，很晚完成作业时的疲惫眼神，我感到又心疼又后悔。然而，第二天呢？面对现状时，不得不“重复昨天的故事”。

孩子心声

我在幼儿园期间就属于动作比较慢的，那时候爸爸妈妈、幼儿园老师还会耐心地帮助和指导我。但是一进入小学中段，面临着学科科目增加、课内外作业量增加、作业难度增大的压力，我感觉自己快承受不住了。老师对我的批评、爸爸妈妈对我的埋怨，让我更加没有了自信，觉得自己就是成绩差、能力弱，我每天都很不开心。

问题解答

小学中段是小学六年生活中的一个转折期，除了学业压力增加之外，孩子在身心发展方面也出现了很多变化。他们对自我有了粗浅的认识，更渴望独立，对父母、老师提的要求有时候会产生抵触情绪。家长可以从以下三个方面认识、引导孩子：

第一，理解孩子的辛苦。即使是一个成年人，进入一个新的环境或者是面对新挑战的时候，都需要时间调整和适应，更何况是一个孩子呢？所以，家长一定要先理解孩子的辛苦。此时，我们更应该闭上唠叨的嘴巴，安静地做好陪伴和等待。

第二，悦纳独一无二的孩子。研究表明，有一些孩子动作慢是由其气质类型决定的，今后大多也很难转变。动作慢、性格安静的孩子面对挑战性任务时虽然表现不佳，但是在坚持长时间做好一项任务方面却往往表现相当优秀，今后可能在研究员、实验家、图书管理员等需要细致耐心品质的工作岗位上发挥出色。因此，家长要悦纳孩子的一些与众不同，发现他们的闪光之处。

第三，用小成功提振信心。在指导作业的过程中，不仅是孩子，连同家长也需要提振信心。否则，负面的情绪将主导亲子关系，使其进入一个负能量循环的不良局面中。家长可以利用一些小工具、小窍门，帮助孩子取得一些小成功，以此来提振其信心。例如：可以用一个计时器来分阶段计时，让孩子更容易实现目标，给孩子以成就感；用一个日历本来记录、评价作息时间表的执行情况，这个方法简单易操作，能很快看到成效；对孩子奖罚分明，这样，他们的执行力会更强；将孩子的权利，如自由独处的安排权、休息时间的选择权乃至作业的取舍权通过奖励的渠道交还给孩子，能使孩子的幸福感更强；等等。

15 孩子对许多事情无所谓、失去兴趣，不求上进怎么办

问题描述

和一些成绩比较落后的孩子的家长聊天时，他们经常会说，孩子不爱学习、不求上进，对很多事情抱着无所谓、没兴趣的态度，自己无可奈何，想要我给点建议。

家长心声

面对孩子在生活上懒散、学习上敷衍的毛病，真是恨铁不成钢。老师总是反馈他做作业不认真，订正不及时甚至不订正，说他几句，他还来一句“努力又没有什么用，努力干吗”，真是被他气死。学习懒散也就算了，甚至连饭都懒得吃，有时都担心他是不是得了抑郁症。问他究竟有什么想法，总是说没想法、无所谓、随便，我真担心他以后身体不行，读书也不好，没有什么前途。

孩子心声

我做点事情爸爸妈妈总是在旁边唠唠叨叨的，做得好了，他们就提出更高的要求，没完没了；做得不好，就各种骂、各种说，还不如

什么都不做。有时候我明明很努力了，可妈妈还总是说我没努力，那我干脆不努力好了，反正在他们眼里我从来就没有努力过。有时候他们假模假样地问我的意见，我说了，可他们同意了吗？最后还不是他们说了算，我的想法重要吗？算了吧，反正就这样了，无所谓了。

问题解答

孩子不爱学习，对任何事物都没有兴趣，不求上进，这和孩子缺乏自信有一定的关系。因为总是出错所以最好“不做”，因为意见从不被采纳，所以“没想法”，因为努力过但是结果不好抑或是没被及时认可，所以觉得努力没有用。这类孩子的自我价值感很低，所以“无所谓”。当然也可能孩子不需要努力便能获得物质或精神上的满足，这类孩子也容易失去上进心，那应该如何做才能改变这种状况呢？

首先，家长要调整心态，和孩子建立良好的亲子关系。经常和孩子沟通交流，多鼓励、赞美孩子，做得好的方面及时鼓励，提升孩子的自我认同感和自信心，没做好的地方，先要肯定孩子所付出的努力，然后和孩子一起寻找失败的原因，而不应一味地责备孩子。

其次，家长要学会改变自己。如果家长掌控欲太强，孩子在家中没有发言权，一切事情都是家长说了算，会导致孩子形成一种“万事万物都和我无关”的心态。家长还要改变自己的生活状态，如果家长自身是一个没威信、没追求、没目标的人，孩子也容易模仿。所以家长要给孩子做好榜样，家长上进，孩子也会努力。

最后，家长要明白，上进心不是被动产生的，一定要发自内心。家长想用强迫和唠叨来激发孩子的上进心，反而会让孩子变得越来越没有上进心。激发上进心可以通过设定目标、寻找竞争同伴、正面引导和语言暗示等来实现，其中正面引导是激发上进心的最佳思路。

16 如何看待孩子学习成绩的起伏变化

问题描述

有家长说，孩子的成绩起伏很大，就像坐过山车一样，有时成绩能进入年级前二十名，有时却退到一百多名。面对这样的情况孩子无能为力，家长更是忧心忡忡，想知道自己怎么做才能帮助孩子。

家长心声

孩子学习不够扎实，总是凭着一点小聪明在学习，导致成绩忽上忽下。和他一起找原因吧，他还不虚心，嫌我们烦。看他这种学习态度，我们有时控制不好情绪，就会骂他几句，搞得亲子关系很不和谐。真不知道该怎么办。

孩子心声

家长最关注的就是成绩，我考得好的时候，进家门他们都对我笑脸相迎；考砸了，他们则冷言冷语，有时还要骂我。家长都说我学习态度不好，我也想考好啊，他们说的那些大道理我都懂，但对我来说实际效果不大，不能帮我提高成绩。他们还不如不说呢，说多了让人烦。

问题解答

家长们都非常在意孩子的成绩，觉得学习成绩好才能有好前途。面对孩子成绩下滑，很多家长容易情绪失控，有时对孩子劈头盖脸骂一通，甚至演变为家庭暴力，不但没有效果，反而会让孩子受到伤害。那么对于孩子成绩时好时坏的问题，应该怎么解决呢？

首先，帮助孩子弄清成绩起伏大的原因。以理科为例，如果是单元内容没有学好，那就要重新学习这个单元；如果是计算方面的问题，就要加强孩子的计算能力。孩子成绩起伏很大，也有可能是其他方面的原因，比如学习状态、身体状态等，家长需要及时关注并帮助孩子厘清原因。

其次，正向鼓励代替负性辱骂。当孩子取得高分时，家长要及时给予肯定，并教孩子不骄不躁，要朝着更好的方向发展，而不是满足于现状。当孩子成绩下滑时，家长更要鼓励孩子，让孩子找到成绩下滑的原因，争取下次不要出现相同的问题，如果孩子从家长的鼓励中感受到信任，他们就会将信任转化为上进的动力。

再次，帮助孩子分析优势。称职的家长会帮助孩子分析自身优势，想办法让孩子将自己的优势发挥到极致。假如孩子比较偏科，家长应尽力帮助孩子调整学习方法，改变学习习惯，同时还应鼓励孩子扬长避短，用自己擅长的科目来拉开与其他同学之间的差距。将孩子的优点放大后，孩子会清晰地知道自己的优势在哪里。

最后，帮助孩子调节好考前心态。考试心态不好也是孩子成绩下滑的原因之一，考前家长要和孩子多沟通，辅导孩子调节好心态。如果孩子处于过度焦虑状态，可以教他采用深呼吸、肌肉放松等方式，让他以一个平和的心态进入考场。考后，家长也不要过度关注孩子的成绩，否则会带给孩子过大的压力。

17 孩子一遇到难题就退缩、不愿意动脑怎么办

问题描述

班里有个孩子上课认真听讲，每次考试成绩却不是很理想。老师和孩子妈妈打电话交流，妈妈说在家里观察孩子做作业，发现孩子每次遇到难的题目就退缩，畏难心理比较严重，不愿意动脑，所以成绩不理想，学习效果不好。

家长心声

对于孩子的学习我们做父母的非常上心，但是孩子畏难心理严重，每次在家里都复习得特别好，可一到考试的时候，遇到一些不太有把握的题目，他就只快速地浏览一下，不愿意动脑。为此我们很难受，感觉在家里的大量努力都付之东流了，和孩子沟通的效果也不尽如人意，现在我也有点灰心了。

孩子心声

我对学习不是很有兴趣，看到简单的题目能立马做出来，会比较

有成就感，但是看到难题就想偷懒，有点害怕，对自己没有信心，就想快点完成，不愿意再多花时间。

问题解答

有些孩子做作业的时候，特别是数学作业，只要一碰到难题，就懒得思考，要不直接放弃，要不求助于家长，畏难情绪很严重。如何改变这种情况呢？

第一，给孩子创造“思考”的机会。当孩子的作业出现错误时，家长往往马上指出孩子错在哪里，孩子缺少自己思考的时间，长期以往，孩子就会产生“有问题找家长”这个想法。孩子首先要意识到错在哪里，才会产生改变的动力，如果连错在哪里都意识不到，不仅不会出现改变的行为，而且还会在相同的问题上重复犯错。

第二，不要过度批评指责孩子。当孩子做不出难题或做错题时，家长如果经常以责骂的方式斥责孩子无能，长此以往，孩子碰到难题就不想动脑了，因为这样会引起孩子的“习得性无助”[①]。

第三，帮助孩子搭建解决问题的思考模式。孩子碰到难题或错题时，让他先将问题放在一边，等作业完成后再来思考这个问题，可以让孩子说一说题中给出了什么信息，需要解决什么问题。从孩子的讲

① 习得性无助（learned helplessness）：美国心理学家赛利格曼首先提出来的一个心理学概念，指一个人经历了失败和挫折后，面对问题时产生的无能为力的心理状态和行为。

解中，可以知道他是不是已经理解了题目。如果还未理解，可以让孩子认真朗读三次题目。如果还是不懂，再读三次，直到能明白题意为止。所以家长的作用是引导而不是直接帮助孩子解答。

第四，要帮助孩子找出思路的转折点。孩子理解题目之后，让孩子讲讲他知道了什么，他是怎么做的，思路在哪个地方卡住了，或者在哪个转折点弄错了；找到这个地方后，再帮助他改正过来，孩子就知道关键问题在哪里了。这样引导孩子找到问题的关键点，要比家长直接指明更令孩子印象深刻，孩子下次再遇到相同的问题时，就不会再犯同样的错误了。

第五，接纳孩子确实有永远都不会做的题。家长都认为自己家的孩子是很聪明的，应该什么题都会；别人会做的，他家的孩子也必须会，不愿承认人与人之间的差异性。我们要清楚了解自己孩子的学习能力，有时一道很简单的题，但孩子也许就是绕不过那个弯，最终在家长的责骂声中收场。所以家长一定要牢记这一点，允许孩子有不会做的题。

18 孩子不能执行自己制订的计划怎么办

问题描述

假期开始，小学高段大部分孩子都制订了翔实的学习计划。玲玲也不例外。可是过了不久，玲玲妈妈就给老师打电话，说玲玲无法执行计划了。计划中早上七点起床背英语课文，可是孩子磨磨蹭蹭七点半才起床。好不容易开始背了，孩子一会儿喝水一会儿上厕所，时间完全超出了预期。到了下午好多计划执行不到位，不得不取消一些项目。

家长心声

看着孩子兴冲冲地制订假期计划，我打心眼里感到开心。可是几天后，看到孩子的学习进展与计划相差十万八千里时，我又感到非常着急。我一次次提醒孩子，孩子嘴上答应得好好的，可是实际行动还是老样子。再催促她，她还跟我急。我该怎么办呢？

孩子心声

我想在假期制订一份计划，努力过一个让自己进步很大的假期。

可是，一到开始学习时，我就想再玩一下游戏，想再看一下电视。有时候我计划用 40 分钟背英语课文/单词，但是实际上计划时间用完了还背不出来，又影响了下一个项目。我发现执行计划太难了。

问题解答

“凡事预则立，不预则废”，孩子假期计划制订和落实的重要性不言而喻。孩子能够制订计划，说明还是有上进心的。但是，孩子执行计划时动力不足，缺乏一定的意志力，容易出现三分钟热度的情况，最终反而产生更大的失败感。面对这种情况，家长可以这样做：

第一，估一估，预估执行能力。在日常生活中，家长可以通过让孩子完成简单的事情，有意识地培养孩子制订、执行计划的能力。在独立完成任务前，让孩子预估所需时间、会遇到什么困难、该如何克服等。不断练习预估能够帮助孩子获得掌控外界的经验，执行计划能力也得到提升。

第二，减一减，合理调整计划。人天生有种惰性，孩子面对很完美的计划或是难度很高的计划容易产生畏难情绪，自信心易受打击。家长可以先给孩子的计划做一些“减法”，或者设计保底计划、优良计划和优秀计划，让孩子更有信心、有梯度地完成任务。同时，计划要尽量具体一些，在明确的时间里完成量化的具体任务，留下一些弹性时间使计划更容易执行。

第三，清一清，营造良好环境。开始执行计划前，让孩子清一清周围的环境，营造一定的仪式感。把课桌上的课外书、小零食、手机等都收拾好，放在其他的房间，以减少诱惑。喝水、上厕所后，准备好相关的文具、工具，免得开始执行计划时“屁股抹油”坐不住，影响效率。同时，家长做好一些配合孩子的工作，如关掉电视机或调低音量，尽量不要干扰到孩子。

第四，评一评，家长定期反馈。家长不要一看到孩子没有执行到位就唠叨指责，使孩子的自信心再受打击。而要看到孩子执行计划中的闪光点，对其及时给予肯定，以激发孩子执行计划的动力。定期检查、监督孩子的计划执行情况，并及时反馈，实施一定的奖惩策略，推动孩子继续执行计划。

19 孩子简单的口算题也做错怎么办

问题描述

一年级孩子学习了 1 至 5 的加减法之后，好几个家长都在“钉钉”上给老师留言：“老师，我家孩子每天都会做错口算，今天这么简单的口算又没全对！我让他在家里练练口算，他一百个不愿意，一直闹脾气，我感觉束手无策。该怎么帮助孩子呢？”

家长心声

孩子还没上学就会算 1 至 5 的加减法了，上了一年级后反而常做错，而且天天都有错，我觉得不能接受。让孩子多练，孩子有抵触心理。我很着急，不知该怎么帮孩子。同时我担心孩子连基础的口算都不行，数学学习会跟不上。

孩子心声

上了小学，老师说要做口算，我很高兴，因为我会做加减法。数学课上每天都要练口算，爸爸妈妈要我做到“必须全对”，我觉得没有问题。可是老师发下本子后，我发现自己错了好多道，这让我很惊讶。几次练习后，我觉得自己做不好口算了，每次做都有点害怕会出错。我一害怕，错得更多了。

问题解答

幼儿园生活以游戏为主，小学生活以学习为主。刚刚升入小学的孩子，还处于幼小衔接适应期。家长积极陪伴鼓励，激发孩子想学习、爱学习的动力，显得尤为重要。

第一，家长要改变不合理的信念。虽然家长觉得一年级口算非常简单，但孩子要做到每次全对还是不容易的。心理学家埃利斯曾说，带着不同的信念看待同一件事情会有不同的结果。“口算必须全对”是不合理信念。孩子不是答题机器，我们对孩子要有要求，但不能要求孩子完全不犯错。在绝对化要求下，家长和孩子都很容易受情绪困扰，难免会感到焦虑。

第二，采用多样化的训练。家长可以用一些孩子感兴趣的方法来提高他的口算能力。比如互相出题考考对方，一起“抢答”，做口算闯关小游戏，等等。一年级的孩子还没有建立数字和实物数量的联系，家长可以用围棋和孩子一起在玩中学数学，比如，问孩子把 9 颗围棋分成 3 份，一共有几种方法。这样会帮助孩子加强数字和实物数量的联系，建立数字概念。在玩中学、学中玩的轻松氛围中，孩子口算能力提高了，亲子关系也会更和谐。

第三，注重正强化的渗透。家长不要总是把目光聚焦在孩子的错题上，否定他在其他题目上的努力和价值，这样孩子会感到失落、不自信；家长要把目光聚焦在孩子做对的题目上，积极肯定孩子的努力，让孩子感到自己很棒，并树立只有认真付出才能获得回报的信念。只有提升孩子的成就感和自信心，孩子才会努力迎接更大的挑战，为热爱小学生活打下基础。

另外，有些孩子在口算时经常会出现看错题、漏题、数字写反等情况，家长要提高警惕，孩子有可能存在感觉统合失调的问题，甚至可能患有注意缺陷综合征。家长要及时带孩子去医院检查，以便及早发现，并予以训练纠正。

20 家长对孩子的作品不满意时该怎么表达

问题描述

一个家长告诉我，孩子画画动作很快，却没有耐心。别人家孩子的画作细腻丰富，自家孩子的画上只有简单的几根线条，就忍不住批评他了。但是孩子却坚信自己画得很好，母子之间常常因此闹得不愉快。

家长心声

我觉得孩子一直以来都喜欢画画，就给孩子报了校外画画培训班，孩子应该画得“有模有样”。我自己不懂美术，但是看到这些“乱七八糟”的作品，难以克制情绪，就去质问或责怪孩子。等我冷静下来后，明白孩子需要肯定和鼓励。但是孩子的画作确实没有达到我的要求，到底该如何评价孩子的作品呢？

孩子心声

我本来很喜欢画画，画画让我感觉很轻松。我可以画许多自己喜欢的东西，画完后看着自己的画，心情很好。我也希望父母能够肯定我画得好，每次我迫不及待地拿着作品问他们画得怎么样，却总是遭到他们的批评。他们一会儿说我涂色难看，一会儿说我没有得到满分。我也很沮丧。

问题解答

如何看待孩子的作品，这个问题考验家长是否愿意接受孩子的“不完美”，是否愿意耐心倾听孩子的心声。家长总会不自觉地以自己的审美和角度来评价孩子的作品，殊不知孩子渴望的是家长的肯定和倾听。孩子迫切地想知道家长是否喜欢自己的作品、对作品有何评价，可能是渴望表达自己的想法，也可能是内心不太自信的表现。我们可以这样引导：

首先，运用白描句式，肯定优势。白描句式指的是客观叙述事情的真实样子，不带主观偏见，肯定孩子已经做到的部分。家长应该将评价的焦点放在儿童的努力方面（计划、过程、进步、感受、资源运用等），而非仅仅聚焦成果（成就、成绩、好坏等）。同时，孩子的作品总有其独特的优势，家长可以抓住亮点或是微小的进步及时进行肯定。

其次，引导自我评价，引发满足。家长成人化的评价和干涉，会削弱孩子的自信，毁掉他快乐的源泉。要用鼓励帮助孩子建立内在的自我评价机制：“孩子，重要的不是爸爸妈妈认为你的作品好不好看，更重要的是你自己对这幅画是否喜欢。只要你喜欢，我们就满意！”“妈妈看到你这么愿意和我分享你的故事，真的很开心！”家长采用尊重孩子天性发展的“慢教育”，将评价力量传递给孩子，让他从自我欣赏中得到自我满足。

最后，启发创编想象，倾听心声。家长可以以画为媒介，倾听孩子的真实心声：“妈妈看到这个小男孩眉毛垂下来，张开圆圆的嘴巴，他好像在说什么。”“我很好奇，你能给我讲讲，这些小朋友在干什么？后来发生了什么事？”家长以倾听和微笑给予孩子肯定，满足孩子探索自我和倾诉表达的欲望，能使孩子获得更多的心灵滋养。

21 如何提升孩子完成作业的效率

问题描述

孩子每天回到家总是在写作业，直到很晚才睡觉。但是根据老师的反馈，孩子完成作业的质量并不高，成绩也不见得有提升。

家长心声

孩子到了中学以后，学习压力大了。每天孩子放学回家，稍微休息一下就很自觉地开始写作业，直到很晚才睡觉。开始我们还以为是学校布置的作业太多，但是问了学校的老师和班级其他同学，好像作业也没有多到这样的地步啊！看着孩子疲惫的样子，当爸爸妈妈的其实很心疼。如何才能帮助孩子提升学习效率呢？

孩子心声

到了中学以后，功课的数量一下子多起来了。这么多功课，我总是担心每天会来不及写作业，感觉压力很大。但是即使我每天很努力地抓紧时间写，也要写到很晚。写作业的时候，我总是忍不住会发呆，心里很后悔发呆浪费了时间，结果看着题目又很烦恼，忍不住又要发呆。每天白天我都觉得很困，上课的时候会打瞌睡，这样的日子，我感到很烦恼。

问题解答

首先，遇到这样的情况，爸爸妈妈在家先观察孩子完成作业效率不高的症结出在哪里：是否遇到学习的难点？是否在学习的策略上选取不当？是不是孩子的心理压力过大造成的影响？是否因为手机使用不当影响了学习效率？在这种时候，爸爸妈妈要学会心平气和地跟孩子沟通交流，对孩子当下的学习状态有一个比较清楚的了解，然后根据具体的原因，和孩子商量解决的办法。

其次，爸爸妈妈要和孩子建立足够和谐的亲子关系，这样才有机会和孩子去沟通学习上的问题。在这个基础上，爸爸妈妈可以和孩子一起分析、讨论和改进。假如是学习习惯的问题，就帮助孩子弄明白需要在哪里进行一些调整；如果是学习方法的问题，爸爸妈妈可以和孩子商量如何向老师、同学请教，并加以改进；如果是学习难点无法独自搞定，家长要考虑是否需要给孩子提供一些额外的辅导和支持；如果是手机使用不当引发的问题，父母需要对此设立明确的界限，使用一定的沟通技巧，例如“双赢法”谈判，更好地和孩子约定手机使用规则。在平时，父母要多关注孩子日常生活中的点滴进步，及时给予肯定和鼓励，不以学习结果作为评价孩子的唯一标准。

再次，对于进入中学的孩子而言，爸爸妈妈要给予孩子更多的自主权，允许孩子在安排自己学习生活的时候出现一些小失误。很多时候，爸爸妈妈如果能在孩子表现不够完美的时候依然保持足够的心平气和，孩子就会在错误中学会自我反思，找到解决问题的方法。营造安全温暖的家庭氛围，恰好就是让孩子能够安心做自己，提升学习效率的保证。

最后，哪怕到了繁忙的中学阶段，爸爸妈妈也要记得督促孩子留出一定的时间来运动和放松，保持劳逸结合，让孩子的大脑分泌足够的多巴胺，更能提升学习效率。

22 孩子成绩垫底怎么办

问题描述

孩子喜欢画画和唱歌，性格活泼，待人友善，但是在进入学校后跟不上学习进度。老师在课堂里教的知识，孩子很多时候都感觉掌握得不好；特别是数学，试卷上的分数低得让人不忍心看。老师虽很努力帮助孩子补课，却也是收效甚微。

家长心声

每次考试后，孩子的分数都是爸爸妈妈最不想看到的。孩子的任课老师非常用心地帮助孩子，一次次利用自己的休息时间帮助孩子补课，但是孩子成绩却没有太大的提高。我们又专门请了一对一的家教来给他辅导功课，结果孩子的成绩依然垫底。我们很替孩子的未来担忧。

孩子心声

我很喜欢画画和唱歌，并不太喜欢学习其他功课。我也不知道为什么老师上课讲的内容我总是听不懂。爸爸妈妈和老师一次次地帮我补课，我也不太明白。周末有家教一对一辅导，天天做很多作业，但是我仍然不会做试题，我感到很不快乐。看到爸爸妈妈担心的样子，我更觉得难过。

问题解答

孩子上学以后，大多数父母都会特别关注孩子的学习成绩。孩子成绩不够理想，大多数父母会用强化补课的方式去帮助孩子提升成绩，但是遇到怎么补课都没有效果的时候，更加需要父母冷静下来寻找原因和方法。

孩子的学习成绩不够好，原因有很多种，父母需要对症下药。例如有些孩子身体从小就没有接受足够的刺激，导致身体感觉统合能力发展滞后，这会影响孩子的学习能力。这种时候，寻找专业人员识别原因并且加强感觉统合方面的训练，加强身体运动，可以帮助孩子提升相应的学习能力。

有些家庭中父母关系不和，或者教养过于严厉，造成孩子压力过大，处于焦虑紧张的状态，无法安心学习。孩子在父母、老师的长期批评和否定中丧失了信心，导致学业成绩落后。遇到这种情况，父母更需要调整家庭关系，为孩子营造一个稳定又充满爱的家庭氛围，并且及时调整自己的育儿方式，学会信任和鼓励孩子。当孩子处于安全信任的环境中，能够拥有愉快轻松的心情。同时，父母以身作则，自己带头学习，给孩子营造良好的家庭学习环境，耳濡目染，孩子才有可能安下心来学习，提升自己的学习成绩。

著名心理学家加德纳提出的多元智能理论告诉我们，每个人都有可能具有 8 种以上的多元智能。学校里的功课学习，往往测评的是孩子的逻辑思维和语言智能。有些孩子的优势智能恰巧不在这两个方面。父母在平时可以多留心观察孩子的长项智能所在，例如运动智能、表演才能等，当孩子在功课学习上有困难的时候，也需要父母转变育儿思路，摒弃唯“成绩论”，在孩子喜欢的运动项目、唱歌跳舞上多花精力培养，找到适合孩子展示自己的舞台，帮助孩子树立自信，走出一条独一无二的成长道路。

23 孩子看了“不好”的书怎么办

问题描述

徐妈妈通过他人介绍，加了我的微信，在微信中询问：“我家女儿现在上六年级，正是小升初的关键时期，但她却在看不好的书，怎么办？”我问徐妈妈不好的书是指什么书，她告诉我是本小说——《偷偷藏不住》（竹已著），同时，她还把书的目录拍照发过来，其中几章的标题是“教你怎么接吻”“去爱一个人，不顾所有”……

家长心声

我觉得应该多阅读文化书或者经典的文学名著，才是健康的、有益的。少看那些闲书，更不能看言情书、恋爱书，因为对于六年级的孩子来说看这些书太早了。我很担心这些“不好”的书孩子读了之后，极有可能学坏变坏，既影响学习也影响健康成长，应该及时地、坚决地禁止。

孩子心声

我认为这是一本十分好看的书，文笔优美、故事精彩，我们班许多同学都看了。主人公桑稚也和我差不多年龄，就暗恋一名比她大 7 岁的男生了，这样的感情朦朦胧胧的，挺神秘。书中情节、对话也很有趣，时而哭时而笑时而闹，真的很有意思。有些地方的描写又让我自己脸红不已，心怦怦乱跳，充满好奇与向往，真想去经历一番。可是，妈妈为什么这么强烈地反对，还狠狠地打我？以后我再也不让她知道了，再也不理她了。

问题解答

徐妈妈对这个问题的处理方式，显然是十分生硬的。她不仅将女儿大打一顿，还准备冷落她几天。其实处理的方式有很多，比较好的方式之一是与女儿一起去阅读、去探讨，并适时引导。

和徐妈妈类似的妈妈们遇到这类问题时的焦虑心态、处事理念以及处理方式，很值得探究。虽然现在她们母女已经基本和好，但徐妈妈的出发点仅仅是处理遇到的问题，而不是去反思自己为什么那样担心焦虑，那样生气。

事后，我问徐妈妈对于这次亲子冲突的发生、冷战与和解的过程，她有什么感受。这一回馈要求至今石沉大海，她没有给我任何的回音。

前段时间，另有一个女孩遭遇一段危机，后来问题得以顺利解决。事后我问这个女孩的家长同样的问题，即有什么感受或者收获。她当时敷衍了几句，至今仍无后续回音。

我有些失望，因为她们没有勇气去面对自己的问题。《少有人走的路：心智成熟的旅程》中有这样一段描述："家庭问题让她头昏脑涨，她只想尽快脱身，尽快缩短自己与问题接触的时间，而不愿意花足够的时间来应对这种不舒服的感觉，不愿冷静地分析问题。"徐妈妈们如果不能从问题中积累起任何有效的经验，类似的冲突可能还会持续发生，家庭将陷入混乱。现在不谋求解决自己的心智问题，将来的痛苦会更大，痛苦延续的时间也会更长。

所以，真正行之有效的不是一招一式，而是家长要转变观念，勇敢地面对自己的问题，改变不合理的心智模式。

24 孩子学习容易分心怎么办

问题描述

曾听一位家长讲："我儿子才读小学二年级，有一回他把试卷订正好以后让我签名。我仔细一看，口算部分得'良'，应用部分也得'良'，居然没有一个'优'。再细看试卷，发现好几道题目很简单，儿子却做错了。比如'5×7×1=35'，而他的答案是'36'，即把后面的'×1'看成了'+1'。又如'4×5×5=100'，而他写成了'200'；'3×7×4=84'，他写成了'5余1'，即把最后一个乘号看成除号了！面对这么粗心的孩子，我该怎么办？"

家长心声

我认为这些题目都很简单，孩子不应该做错！丢分太可惜了，全是粗心导致的错误。这样的"粗心"既不是"无知"，也不是不懂，更不是笨。既然不是不会，那就是做题目时不够专心，东想想西想想才算错了。因此要常常提醒，让他下次不可再犯。可结果是下次以及以后的很多次，他依然会重复犯错。我很迷茫，也很无奈。

孩子心声

我已经很认真很小心了，可为什么又错了呢！这些题目确实很简单，我早就会了。“4×5×5＝100”，谁不知道啊！试卷上我怎么写的是“200”？这些奇奇怪怪的错误，怎么老是出现！“你做事不专心”，妈妈总这么说我。“你是个大马虎”，老师也这样说。可是，我又有什么办法呢？我已经反复提醒自己做事要认真了，这些错误还是很难避免，我到底错在哪里？到底该怎么办？

问题解答

孩子做作业出错，考试丢分，家长如果坚持认为是孩子粗心的结果，其实是把问题简单化，是不了解孩子的缘故。

这样的孩子不少，每个班级总有几个，每所学校总有一些。其实有些可能是生理上的原因，是医学上的问题，而不是孩子的问题。

首先，要读懂孩子。他们的问题是大脑部分功能缺乏、发育迟缓造成的，而不是孩子不好好学或故意如此。因此，最好带孩子去医院检查，看看他们是否缺乏某些微量元素，是否患有注意缺陷综合征，如需要服药治疗，家长要给予配合。

其次，要理解孩子。孩子完成简单的作业题也会出错，上课不能集中注意力，多动、易冲动，这不是他喜欢这样做，而是他的大脑无法自我约束。孩子自己也知道这样不好，但不知道问题出在哪里。强迫他约束自己，效果并不好。应及早发现问题，进行专业的训练。可以带孩子到专业机构训练，但仅仅依靠机构训练是不够的，家长还应多带孩子接触大自然，多跑多动，以达到协调身体和大脑的效果。

再次，要开发孩子的潜能。不要把学业当作孩子生命的全部。因生理问题而容易分心的孩子，其学习成绩往往不佳，也不能通过补课来弥补。家长要多观察孩子，开发他的潜能，发挥他的特长。有位著名的游泳运动员小时候就是个学习容易分心的人，但他却有运动天赋，后来成了泳坛的世界冠军。

最后，静候成长。要让孩子专心做事，这不是一天两天能够实现的。需要相当长的时间和相应的努力。父母和教师应给予耐心、细致、具体的帮助，多表扬，少批评，就事论事，不打不骂，不翻旧账。

25 面对孩子成绩退步该怎么办

问题描述

每到考试前后，总有家长抱怨：“现在孩子考试，我比孩子还紧张……”“孩子成绩一直退步，我什么方法都试过了，还能怎么办？”“老师，拿到成绩单后我忍不住就把孩子打了一顿，他真的太不懂事了……”家长平日里面对成绩的行为方式在无形之中已经成为考试给孩子带来的压力之一。

家长心声

当得知孩子的成绩退步时，我会非常失望、生气，感到平日里自己花的钱、花的精力都像打了水漂，忍不住地想要呵斥和责怪孩子，结合孩子平时种种不好的表现，一一数落，才能平复我的情绪，也能让孩子重视自己的问题。可是结果往往是对牛弹琴，效果也不持久，之后孩子还是老样子。我们只能给孩子报些周末补习班，平时更加严格地管理孩子，减少他的娱乐时间，但往往效果还是不理想。

孩子心声

考试考不好，成绩下滑的时候，我也很伤心难过，下定决心要好好学习，把成绩追上去，但是回到家，迎来的却是爸爸妈妈的一顿臭骂，有时候他们甚至还会打我，我就更不想学习了，有时候还会有“你们打我，我就偏不好好学习”的念头。其实我多希望爸爸妈妈能给我一些鼓励和安慰，这样我就有动力好好学习了。

问题解答

退步意味着以后的进步有更大空间，危机可以转化为契机。面对孩子成绩退步，父母通过合理的方式也能让孩子化失败为动力。

首先，要接纳自己与孩子的情绪。当得知孩子成绩退步时，你可能感觉到很气愤，请在心里默数 5 个数或是先选择从孩子身边走开以平息自己的情绪。等心平气和之后再来尝试询问孩子“得知自己成绩下滑时的感受”，倾听他的回答，接纳孩子的情绪，给予他爱的回应：“你没有获得好的成绩，这样让你感到很难过，对吗？我们理解你的感受。”

其次，要倾听孩子的想法。面对自己的退步，每个孩子内心都会有一段自责期，他们在心里会想要好好努力一把。家长要牢牢抓住这个“机会”，引导孩子将努力的想法表达出来，你可以询问孩子“接下来，你有什么想法”并对孩子拟采取的举措及时给予肯定，以增加孩子的学习动力，如“你的想法不错，尤其是……行为可以使你……”。

再次，挖掘孩子的内在潜能。有些孩子面对多次成绩下滑的打击，会认为自己什么也做不好。此时，家长可以引导孩子看到自己当下或以往的优势，比如“这次考试你有值得肯定的地方吗”“请你回忆之前是否有考试进步的经历”（此类提问也称“焦点解决”式对话）。如果没有过往的成功经历也没关系，你也可以问：“我看到你的科学分数是 100 分，比其他学科都要好，你是怎么做到的呢？”

最后，和孩子一起商议制定目标。初中阶段的学生自我意识强烈，他们希望自己的想法被尊重、被认可，家长若采取强制措施可能收效甚微，甚至适得其反。因此，家长需要和孩子共同商量接下来努力的方向，如：“你好像已经从刚才的回忆中发现了良好的学习行为和模式，尝试继续这样做可以吗？你也可以尝试写计划，让接下来的行动更加清晰。”

26 孩子爱看“闲书”怎么办

问题描述

一位六年级学生家长询问班主任：“老师，我们孩子之前喜欢看《斗罗大陆》，最近又迷上了一些悬疑探案小说，想要买什么东野圭吾的系列小说，说班级里很多同学都在看这些书。但是我觉得这些书有点暴力，不想给他买。本来现在学习的时间就紧张，看这些书，影响了成绩怎么办？”

家长心声

现在的社会竞争很激烈，孩子还总是把注意力放在这些与学习没有直接关系的“闲书”上面，不仅浪费时间，上课还总容易分心，这些书简直是影响学习成绩的“罪魁祸首”。而且现在有些书内容复杂，我担心孩子跟着那些书学坏了。说说他，他理由还一套一套的，根本不听家长的。总而言之，看到孩子捧着“闲书”，我就气不打一处来。

孩子心声

以前我不爱读课外书的时候，爸爸妈妈总是唠叨着让我做完作业一定要看半个小时书；现在我好不容易有自己想看的书了，爸爸妈妈又对我看什么书指手画脚，真的不知道他们到底想要什么。而且这些书我们班里的同学都在看，下课的时候大家也都在聊这些话题，我不看，怎么和同学聊天呢？看那些名著就一定可以提高成绩吗？

问题解答

刚开始步入青春期的孩子，心里的依赖对象从家长开始转移到朋友身上，因而在很多事情的选择上会趋于“从众”。所以读“闲书”的出发点除了是满足自己的兴趣外，还有学习、放松、缓解焦虑、与人交往的需要。

在这个基础上，我们可以做些什么给予孩子正确的引导呢？

首先是调整心态，了解孩子读闲书的原因。对于青春期的孩子，我们要建立良好的“沟通渠道”，这需要家长先调整自己的心态，将孩子当成平等的对象来看待，和孩子进行开放式的对话，了解孩子看“闲书”的真实需求并表示理解与支持。注意在谈话过程中不对孩子做任何否定性的评价，即使你不认同孩子的观点，也请用平和的语气及以“我”开头的语言来表达自己的真实感受和想法，例如：“听了你的话，我有点担心，怕……”

其次是融入孩子读课外书的氛围，进行适当引导。与其一刀切禁止阅读，还不如了解原因后，在孩子阅读时加以引导。可以引导孩子关注书本里正向的精神力量（比如阅读《斗罗大陆》时可以引导孩子相信“坚持才能更加强大”），可以向孩子推荐符合其阅读兴趣的经典图书（比如孩子喜欢推理类的图书，可以引导他阅读《福尔摩斯探案集》等经典图书），可以帮助孩子满足读“闲书”背后的需求（比如了解孩子人际交往的情况，引导他寻找更合适的方法进行同伴交往）。家长在参与阅读中与孩子交流内容、评论批判、鉴别优劣，孩子的阅读口味和分析能力慢慢提升后，他就能逐渐学会远离低劣的图书了。

再次是教会孩子安排读课外书的时间，制订计划。其实，成绩下降与孩子没有合理安排时间有很大关系，这更多的与孩子的自控力和学习驱动力相关，而不应该完全怪罪于课外书。因此在做到前两点的基础上，家长可以和孩子约定：确定看书时段，确定看书时长。在孩子无法自律的时候，家长做适当监管，打打“预防针”。

只要处理好以上几个问题，相信看“闲书”就不会成为孩子成长道路上的绊脚石。

27 怎样培养孩子的专注力

问题描述

在班级里，有的孩子在上课时，周围有一点声响，就很容易受影响；写作业时，一份十分钟能完成的作业需要写上一个小时，而且错误百出……他们的成绩往往不理想，一、二年级或许还能靠“吃老本”勉强过关，但到了三年级，很容易出现所谓的“三年级现象”——孩子升到三年级，科目增多，难度加大，成绩会急剧下滑。而且越到高年级阶段，成绩下滑越厉害。

家长心声

老师多次跟我反映孩子的专注力问题，我跟孩子沟通，他也保证会努力集中注意力，但几天之后又是老方一帖。看着下滑的成绩，我们是真着急，打也打了，骂也骂了，但怎么都没用，不知道送孩子去注意力训练机构训练一下会不会好一点。

孩子心声

我也想好好学习，快点把作业写完，少挨点骂，也想取得好成绩，做个“别人家的孩子”，但我就是控制不住我自己啊。上课时听着听着不知不觉就走神了，想着午饭吃什么，周末去哪里玩，等回过神来也不知道老师讲到哪里了。上课听不好，作业不会做，考试得不到好成绩，还要被批评，我觉得做个学生好难呀。

问题解答

首先，专注力要结合年龄来考量，不能一概而论。一般来讲，6至9岁的儿童，其注意力集中时间为15～20分钟；9至12岁儿童的主动注意时间为20～30分钟；12岁以上也就是中学生，基本能保持30分钟以上。如果成人不了解儿童的发育特点，盲目提要求，给孩子扣上“注意力不集中”的帽子，不仅会挫伤孩子的学习兴趣，还会影响彼此之间的关系。

其次，在日常生活中，要注重孩子好习惯的养成。家长不要随意去干预孩子，当孩子专注于捏泥巴玩时，就相当于大人在搞科研，这时家长不要“无事献殷勤”：“宝宝，你要不要喝水？”“孩子，来吃点水果吧。”这些行为都是在人为分散孩子的注意力，影响他们持续、专注于某件事情的时间。可在孩子进入专注状态前，提醒他吃点心、喝水、上厕所……先把这些事情都完成了，再跟孩子约定好保持专注的时间（建议在能坚持的时间基础上增加一两分钟），然后坚持执行。

再次，环境的布置也很重要。对于低龄儿童或者专注力不强的孩子，学习的场所应尽量简洁，宜远离嘈杂的客厅和飘香的厨房，书桌上不放置玩具等与学习无关的物品，文具也不要花哨，实用就好，否则这些对于孩子而言都有可能成为干扰源。

最后，还想提个关于运动的建议。科学表明，运动能让人的注意力更集中。每天放学后，先让孩子去做做运动再写作业或许会提升学习效率。全家都要养成坚持运动的好习惯，每周给孩子留足户外运动的时间，千万不要为了学习牺牲运动和睡眠时间，让孩子从小就拥有良好的体魄才是教育之本。

28 怎样让孩子练好“三跳”（跳短绳、跳长绳、踢毽子）

问题描述

有段时间，跳绳培训班一夜爆红，两三百元一节课，家长们也纷纷买单，跳绳怎么也要上培训班呢？这一现象被媒体热议。随着对学生身体素质重视程度的提高，“三跳”成为每个小学生的必修课，而且跳绳、踢毽子的确能锻炼孩子的体力和协调性。那么，怎样更好地帮助孩子练好“三跳”呢？

家长心声

学校要考“三跳”，并将成绩纳入期末考核，班级之间还要比赛，看着其他同学噌噌噌地一下子跳那么多，我们也不想拖后腿。但我们家长既不会教，也没时间教，看着孩子那笨拙的动作，真恨不得替他跳。

孩子心声

进入小学，绳子和毽子就变得好讨厌，每天都得带着，每天都要练习。我的腿就是迈不过那根绳子，我的脚就是踢不到毽子嘛。老师说要多练习，可是我一点也不想练。唉，我该怎么办呢？

问题解答

从这个案例中可以看出，孩子并不喜欢“三跳”，当孩子讨厌一项活动时，他是一定完成不好的，我们可以怎么做呢？

一是做游戏。孩子为什么这么讨厌跳绳、踢毽子呢？如果家长把“三跳”当成一项艰巨的任务，设置一个“宏大”的目标，每天强制性要求孩子练习并加以监督，孩子达不成目标还要被批评，他们一定会对“三跳”避而远之。所以，孩子刚接触“三跳”时，建议家长不要向孩子传递这是一项不得不完成的任务的信息，而是把这当成一个游戏。毕竟，对孩子而言，游戏永远比任务来得有吸引力。给孩子一根跳绳当作玩具随意玩，可以跳，可以甩，上手快的孩子，玩着玩着就能够无师自通。

二是搭“支架”。当然，大部分孩子一下子学不会跳绳，因为即便是一项小小的运动，也需要孩子的协调性、节奏感、反应力、爆发力、耐力等各方面能力的配合。当我们在教育低龄孩子时，要“伏下身子站在他的角度看问题”，我们可以回忆一下自己六七岁时的模样，其实也是一样的笨拙。拿跳绳举例，孩子是不能一下子学会像成人一样连续跳的，我们要给孩子搭建“支架”，辅助孩子一步步学习。先让孩子不拿绳子，双手叉腰，双脚有节奏地跳跃；再让孩子单手握绳，练习有节奏地甩绳的动作；然后把前面两个动作连起来，边甩绳边跳跃，注意手脚的协调配合。当孩子每解锁一个技能时，家长都要及时肯定他做得很不错。掌握了这些分解动作后，再让孩子尝试连贯的跳绳练习。孩子刚开始跳绳时，有时绳子甩不起来，有时起跳晚了没跳过去，这些都很正常，不要着急，慢慢来。这里也可以让孩子继续练习分解动作，先把绳子甩到脚边再起跳。孩子通过不断重复，自己调整感觉，终将成功学会。

三是贵坚持。孩子学会“三跳”不难，但要练好贵在坚持。很多孩子会出现三天打鱼两天晒网的现象，不愿意坚持练习也是常有的事。毕竟，练习跳绳既枯燥又费体力。家长可以自己尝试一下跳绳一分钟，真的很不容易。孩子坚持不住的时候，家长的理解和鼓励就显得特别重要。家长可以用表格记录下孩子练习跳绳的过程，从不会到成功跳出第 1 个，从几个到十几个，这些过程性进步都能够激励他继续坚持。家长还可以跟孩子一起跳，比赛跳、接力跳，都能激发孩子的兴趣。建议每天练习的时间不要太长，大约半个小时就好。

文中提及的方法不多，更具体的方法可以请教体育老师，也可以上网查找，但家长的态度、孩子的信心与兴趣，是极为重要的，学“三跳”如此，完成其他学习任务也一样。

29 怎样的孩子适合出国学习

问题描述

有一位老师对于班里的“后进生”感到很焦急，联系家长共商对策，家长抛过来这么一句话：“老师，我们打算以后让孩子出国的，目前学业落后点不要紧，国外都学得很简单的。”这令老师一时语塞。

家长心声

孩子成绩不好，我们每次看到老师来电，心里就发颤。我们也不知道该怎样辅导他。大家都说国外课程相对简单，就想着要不送他出国吧。但把孩子送出国他就一定能成才吗？作为家长，其实我们心里也没底。

孩子心声

爸爸妈妈打算把我送出国，我既兴奋又害怕。听说国外的课程很简单，学习氛围很轻松，还可以脱离爸爸妈妈的掌控，接触到很多新朋友。但离家万里，面对完全陌生的环境，语言也不通，不知道我能不能适应。

问题解答

出国学习现在已经不是新鲜事了，我们采访了身边一些曾经出国留学过的、目前打算出国的和正在国外求学的孩子，归纳出具有以下三个品质的孩子更适合出国。

首先，有明确的求学目标。家长常说："实在不行，就把他送出国吧。"可是，送出国干什么呢？是为了获得更优质的教育，还是为了"镀金"？是体验生活，还是逃避国内的学业？……适合出国的孩子，他们有一个共同的特质：有目标。他们很清楚自己出国是为了什么；也很清楚在国外诱惑更多、约束更少的环境下，怎样保持初心，砥砺前行。国外的教授大多不会像中国老师那样一个个点名，追着你完成学业。他们看似很宽容，学习环境看似很自由。然而，想要获得更大的自由，就需要有更多的自律，而自律的前提是有目标。因此，在打算出国前，家长要跟孩子充分讨论清楚，究竟出去干什么。家长也要想好，究竟是孩子想去，还只是你想让孩子去？

其次，有适合的学习方式。学习方式是指一个人持续一贯的带有个性特征的学习风格。在一个教室里，不乏这样的情况：有的孩子喜欢积极回应老师提问，有的孩子喜欢专注于自己的学习材料；有的孩子喜欢并胜任与同伴合作完成任务，有的孩子则更喜欢独立钻研；有的孩子对学习环境要求绝对安静，有的孩子在有背景声音的环境下更能集中注意力……这些行为上的差异折射的正是"学习方式"的不同。拥有不同学习方式的孩子都有机会成才，但国内与国外的学习和考查方式存在很大差异。喜欢提问、乐于团队合作、擅长体验式学习的孩子，在国外的学习氛围中会更加如鱼得水。

再次，有灵活的心理弹性。这点是最重要的。在大风中摇曳的树，有的经历风雨能够恢复过来，甚至更加强韧，有的可能就在风雨中折断了，这是大自然中的弹性。那么，在孩子身上呢？有的孩子遭遇了挫折，能够淡然处之，越挫越勇；有的孩子碰了壁，能换个方向继续前行，不钻牛角尖，这就是心理弹性的力量。这股力量会在国外的学习过程中发挥巨大的作用。环境陌生，语言相对不熟悉，父母、家人、朋友都不在身边，这个时候就愈加显出心理力量的重要性。有灵活的心理弹性的孩子，能够更好地适应新环境，拥有更积极的心态，更善于交朋友。遇到困难时，他们能够为自己建立心理支持系统。

其实，不管选择出国求学还是留在国内学习，我们要培养的都应该是有明确目标、有灵活心理弹性的孩子；在教育孩子的过程中，与孩子共同寻找最适合他们的学习方式，因势利导，相信每一个孩子都可以活出他们最想要的样子。

30 孩子想走电竞之路怎么办

问题描述

寒假过后，班级里面大部分孩子经过一个星期的调整，都慢慢恢复状态，但有一个孩子上课常常埋头大睡，他的母亲在电话里说："老师，我家孩子天天晚上与网友一起打游戏聊天到凌晨两三点，跟他交流后，他直言网友是他真正的朋友，他要走电竞之路，我该怎么办？"

家长心声

初中阶段是学习的重要时期，孩子为什么不认真学习？每天熬夜打游戏，孩子的身体状况也让人非常担忧。我能接受孩子适当玩会儿游戏，但是我不能接受孩子不停地玩游戏，更不能接受孩子不学习去走所谓的电竞之路，这是孩子不想学习的借口。对于如何与孩子交流玩游戏这个问题，我也很苦恼。如果我态度不够强硬，孩子总是变本加厉，找各种借口；如果我态度强硬，孩子又会做出摔东西、砸墙等过激行为。

孩子心声

我已经长大了，但在父母眼中，我永远是一个孩子，他们不理解我，只会教育我、逼迫我、打击我。我知道自己的学习成绩并不是那么优秀，但是我已经很努力了，却换不来父母的一声肯定，他们总是觉得我还不够努力。但在网上就不一样了，有很多“懂”我的朋友，他们会倾听我的心声，宽慰我，还会带着我一起放松。我知道父母很讨厌我网上交往的朋友，但他们并没有真正了解我这些朋友，就武断地下定论。我要坚定地做自己。

问题解答

作为父母，我们都在努力用自己认为最好的方式爱自己的孩子，但却不管孩子喜不喜欢，接不接受。父母不能接受孩子玩游戏时间过长，特别是熬夜、通宵玩，怕影响孩子的身心健康，这完全正常。当孩子出现这种情况，我们家长的第一反应往往是：“我的孩子怎么会这么糟糕？这样的行为不能被接受，我要制止他、改变他。”

但我们却少了一份思考：“我的孩子为什么会这么喜欢玩游戏？”这时候我们不妨先静下心来，好好思考一下，去听听孩子的心声，看看孩子的需求。

当你在孩子身上看到了成长，你就需要放下一些束缚和担忧，给孩子一些权利与自由。当你在孩子身上看到了孤独，你就要把更多的时间留给孩子，给予他高质量的陪伴。当你在孩子身上看到了压力，你就需要消除孩子的焦虑，与他商讨如何努力实现目标。当你在孩子身上看到他缺少成就感，你就需要对他多一些肯定，能针对性地多赞美他一些。当你脑子里想到了很多控制他的方法，你可能需要思考："除了这些，我还能怎么做？我和孩子的关系已经到这一步了吗？"密切的亲子关系是青春期孩子发展的巨大动力，家长要想尽一切办法改善亲子关系，和孩子好好沟通。

另外，如果孩子真的执意要走电竞之路，不如就给孩子一个机会去了解这个行业。一方面，孩子会觉得父母理解他，支持他，更能够把父母的建议和劝导听进去；另一方面，当孩子真正了解这个行业后，他会更明白：每个行业都是不容易的，需要努力训练，需要天赋，需要机会，等等。拥有了解电竞行业的机会后，孩子会觉得不留遗憾，因为他享受过追梦的过程，并且能够对人生做出自己的决定。

31 孩子总是“不开窍”该怎么办

问题描述

七年级男生小邓来咨询室找到我，哭哭啼啼地跟我诉说内心苦闷：自己已经很努力了，可就是学不好，成绩位于班级后段，动作也比别的同学慢。爸爸妈妈很着急，经常责备他，可是无论自己怎么做都没有用，他甚至还有过“不如死了算了”的念头。

家长心声

感觉我的孩子总比别人慢半拍，学什么东西都比较慢，学得都要比别人差。慢慢地，孩子越来越不自信，总是喜欢躲在其他学生后面，从内心也认为自己比别人笨，自己学不好，在学校里甘当“隐形人”。从刚开始的逃避学习到后面的厌恶学习，我们越是批评，这种现象反而变得更加严重。

孩子心声

我好像从小就是父母口中那些“不开窍”的孩子中的一员，我表面上无所谓，可是我也有自尊心，内心深处会在意老师是否在全班面前批评我，会在意自己的表现能否得到爸妈的认可。可是每次自我展示的时候，我总觉得自己做得不够好，于是我只能逃避性地说“我不想做了”“我不喜欢”。

问题解答

其实总说丧气话的孩子内心深处是希望获得他人更多帮助的，以帮助他们建立起自信心。想要引导这些所谓的“不开窍”的孩子，树立起自信心，避免其“逃避”行为，可以采用以下方式：

第一，发现或培养孩子的优点。对于年纪稍大一些的孩子，可以把他们叫到身边，一起探讨他们身上有哪些优点，让他们更清晰地认识自己。对于年纪稍小一些的孩子，可以帮助他们培养某个优点，让孩子产生自信心：“原来，我是做得好的，只是最近松懈了，才会退步。”教育最重要的是“发现”，发现教育对象的特点，发现他的内心，只有发现他、走近他，才能给他适合的教育。

第二，需要持续陪伴。根据大脑科学理论，每个人天生的人格特质就是不一样的，有些孩子看起来慢热，可是他人缘关系很好，承受力特别强，而且一旦他学会了某项技能，就会比那些刚开始掌握得快的人忘得更慢一些。这样的孩子需要父母多陪伴、多鼓励，家长可以多对他说：“你今天比昨天好。”对于这样的孩子来说，培养的过程比培养的结果更重要。

第三，家长还需要耐心等待。许多时候，当我们把教育的种子播撒下去后，就急切地希望花开满园、硕果累累，尤其是看到身边别人家的孩子都如此优秀，有些父母也会将孩子跟小时候的自己比，急功近利的心情让家长忽略了等待，让教育对象没有足够的开花结果的时间。每一个孩子都是一颗种子，不过每个人的花期不同，我们需要静待花开。

32 一、二年级无书面作业，家长该如何做

问题描述

2021 年 4 月 8 日，教育部办公厅正式颁布关于加强义务教育学校作业管理的通知，规定：“学校要确保小学一、二年级不布置书面家庭作业。”在“双减”背景下，老师们更是严格执行这一规定。国家出此政策是出于对学生的身心发展考虑，但在实际操作层面，家长有一些自己的想法。

家长心声

对于这个政策，我们表示支持，可以在一定程度上减少内卷，给孩子更快乐的童年，家庭氛围更加和谐。但我的担心是，一、二年级无书面作业，孩子基础不扎实，今后的学习怎么办呢？老师不布置作业，我们家长给孩子布置的作业他们又不做，看着孩子每天回家就在玩，做家长的实在是很焦虑。

教师心声

对于教育部的规定，我们教师必须认真执行。“双减”其实对老

师提出了更高的要求：课程准备要细、课堂作业要精、课后作业要准、教学质量要高，如何做到“轻负高质”，成了我们首要思考的点。一、二年级的不少家长却希望老师布置书面作业，这让我们很为难。

问题解答

对于一、二年级不布置书面作业，家长有担忧是很正常的。在应试教育大环境下成长的家长，看到孩子回家没有坐在书桌前写字，就感觉孩子不是在学习。不管这规定落实得如何，其背后的意图是很明确的：不以牺牲孩子睡眠和运动时间为代价来提升孩子学习成绩。低段儿童的手眼协调度、手部肌肉力量发育都还不到位，长时间伏案写字会损害孩子的身心健康。那么，对于一、二年级孩子无书面作业的情况，家长该如何做呢？

首先，无书面作业等于无作业吗？孩子没有在写字，不代表他们没有在学习；孩子没有书面作业，不代表他们没作业。我们从教学一线看到，一些高段的孩子只把能够量化的作业当作业，这也跟家长对非书面作业的轻视有关。一、二年级本就是习惯养成的年纪，如果孩子能每天认真落实老师布置的非书面作业，这对于今后的学习是很有帮助的。有家长担心一、二年级无书面作业，孩子会出现“三年级现象”。恰恰相反，在一、二年级养成良好的习惯，课堂认真听讲，及时完成课堂作业不拖延，回家认真对待课后作业的孩子，才能更顺利地升入三年级。

其次，孩子大把的课后时间该怎么利用？一方面，家长要培养孩子回到家先完成作业再玩的习惯。不管是阅读类还是实践类抑或是体育类的作业，既然孩子无须被“绑”在书桌前写字，那么完成作业的时间就可以灵活机动了，比如：把学到的知识运用到生活中，父母带孩子实践课堂上学过的小实验；一起去超市，认认蔬菜、练练算数……让孩子感受到学习跟生活是紧密相关的，更能激发孩子学习的内驱力。另一方面，每天的运动也不可少，有条件的话一起做亲子运动，养成运动的习惯，受益终身。

最后，眼光放远，心态放宽。教育不是百米冲刺，而是一场马拉松，放眼整个人生的教育，会发现小学低段的几分之差真没那么重要。等孩子大一点回头再看，会发现一、二年级想破脑袋的难题瞬间变容易了，这就是孩子成长的特性，家长要尝试给孩子成长的时间和空间。

现如今，整个社会的焦虑都投射在教育上，但教育恰恰是一个“慢养”的过程，急不来，所以家长要修炼好自己，眼光放远、心态放宽，才能陪孩子一起走到更远的地方。

人际沟通篇

TIPS:33～45

我们生活在一个重视同理心与合作的时代。心理学研究表明，良好的人际关系能让我们的生活更幸福。擅长人际交往的人，能获得更多的社会支持，这份支持在工作、学习生活中，有着不可替代的影响。

通过调查发现，人际交往是困扰学生的一大难题，影响着他们学习生活中的情绪。在一线工作中，我们也发现有很多成绩优异的孩子，由于处理不好人际关系而走进心理辅导室。所以，在本篇，我们把同伴、师生、亲子之间的交往问题纳入讨论的范畴，站在孩子、家长和老师的角度，把大家关心的问题用心理学原理进行分析和阐释，并结合实际，介绍一些心理学常用的消除困扰的技巧与方法。

在育儿的过程中，我们要告诉孩子：一个人走得快，一群人走得远。秉承着这样的理念，重视孩子与人交往的能力，才能培养出更具幸福力（获得幸福的能力）的孩子。

33 孩子在班里经常被嘲笑怎么办

问题描述

体育课上，同学们正在学习单杠支撑前翻下，按照老师的要求每个同学轮流练习，前面的同学都能够按照老师的示范顺利地从单杠上翻下，有的同学还可以灵活、优美地完成动作，获得其他同学的掌声。轮到小姚同学了，她身材矮小，体重较重，面对1.2米高度的单杠，连跳上支撑都无法完成，原地跳了几次都没有成功。这时候，几个男孩爆发出了一阵笑声："哈哈哈，你看她连跳都跳不上去，太胖了。"另一个男孩子说："哈哈哈，她的样子好笨啊，这都不会！"听到同学们的嘲笑声，小姚同学涨红了脸，一时之间非常尴尬。

家长心声

我家孩子长得比其他同学矮，经常被同学嘲笑，这给孩子的身心健康带来了很大的影响，因此还产生了厌学、抑郁情绪，作为家长看孩子这样真的很难受。校园是孩子生活的地方，这个地方应该是温暖的，同学间应该是相互鼓励、相互关爱的，现在却成了给孩子带来伤害的地方。

孩子心声

我实在是太差劲了，这么简单的动作，我连第一步都完成不了，我真的是什么都做不好吗？那些嘲笑我的人太坏了，他们当着这么多人的面，笑我笨，笑我胖，难道我真的一无是处吗？

问题解答

被嘲笑是校园里经常出现的现象，有很多学生因为老是被同学嘲笑而产生抑郁情绪，这样的经历会让孩子的心理受到很大的打击，甚至会给他们留下一生的阴影。对于这种情况，家长应该如何引导孩子呢？

第一，要学会忽略别人的嘲笑。当孩子告诉你有人嘲笑他的时候，你得告诉孩子："那个同学取笑你，他就是想看你的反应，你反应越大他越得意，不要让他得逞。试想别人的力量打在一团棉花上，没有获得任何的反应，那个人还会继续这样的行为吗？你的忽略会让他觉得很无趣，下次他就不会再做出这样的行为了。"建议孩子要把注意力放在自身的成长上，自己变得更强大，别人就不敢再嘲笑自己了。

第二，远离没有教养的孩子。告诉孩子，嘲笑别人是不好的行为，所以那个同学不值得你交往，他的话你不用放在心上。也可以教会孩子学会反击，让孩子和那个嘲笑他的孩子说："你这样的行为很不礼貌，你很没有教养。"并且引导孩子与对自己友好的同学做朋友。

第三，让孩子学会扬长避短。告诉孩子，每个人都有优点和缺点，如果那个同学嘲笑的刚好是你的缺点，你可以努力地做一些改变。如果被同学嘲笑的是孩子相貌上的某个缺陷，家长则要开导、安慰孩子，告诉孩子一个人的长相好看并不代表他很优秀，鼓励孩子发挥其他方面的长处，从而让孩子获得自信。

第四，让孩子感受到榜样的强大。家长可以和孩子站在统一战线上，给孩子讲一下自己童年被嘲笑的经历以及是如何解决的。如果找不到一样的经历，也可以把名人的励志故事说给孩子听，让孩子从自己的父母或名人身上感受到榜样的强大力量，从而对自己充满信心。

第五，家庭要给予孩子同等的尊重。孩子在班里被嘲笑说明他在班里没有获得同学的尊重，如果家长在家里能给予孩子足够的尊重，孩子就能从家庭里获得补给和能量，重拾自信。

34 孩子在学校里受到委屈想转学怎么办

问题描述

一位家长前来求助，咨询儿子最近经常挂在嘴边“我想要转学”的问题。她说，儿子近段时间放学回到家，总是闷闷不乐，时不时说想要转学，不想再在这里待下去了。面对儿子如此激动且持续的情绪问题，她不知如何是好。

家长心声

儿子如此频繁地把“我想要转学”这几个字挂在嘴边，很是奇怪，我看到每天都如此沮丧的儿子，十分心疼。我耐心询问原因，得知在学校里老师经常“冤枉”儿子，明明没有做的事情，老师却误会是他做的，还批评他。面对孩子受到这么多委屈，我想和老师见面了解清楚，情况是否如同孩子所说。

孩子心声

在一次又一次的误会后，我的自信心受到了打击，学习的劲头和欲望都被磨灭了。我不敢和老师说清楚事情的原委，也不想告诉家长，长此以往，憋在心里的委屈越来越多，最后根本不想再待在这个学校了，觉得自己就像一棵被绳子捆绑的树木，无法自由生长。

问题解答

这个案例中的孩子经常觉得老师误会他，才导致他想转学，在现实生活中，有不少孩子因为这样或那样的原因觉得在学校受到了委屈，从而想转学。如果家长能经常关注孩子的思想动态，及时发现孩子的不良情绪，帮助其调整好心态，就可以避免以上问题的发生。

首先，了解清楚原因。如果孩子和家长说想转学，家长可以先用平和的态度问孩子想转学的原因是什么，找到原因后才能更好地帮助孩子解决问题。同时告诉孩子，家长是他的坚强后盾，无论发生了什么事情，家长都会保护他，爱护他，陪伴在他身旁。这样可以给孩子极大的安全感，让他感受到家庭的温暖和支持。

其次，及时与老师沟通。到学校和老师进行深入的沟通，了解孩子在学校的表现，包括学习、同学关系、师生关系等，全方位了解孩子的状况，比如孩子是否能跟上学校课程进度，同学之间的关系如何，有没有和同学发生过矛盾，并在交流中感受一下老师对孩子的态度。

再次，及时与同学沟通。有时，孩子自己不愿说，老师也不清楚，可以找孩子的好朋友或同学交谈，从朋友的角度了解孩子到底发生了什么事。如果孩子被别人霸凌了，孩子自己可能不敢说出真实原因，但孩子的好朋友或同学可能会说出事情的原委。

最后，及时与孩子交流。告诉孩子转学并不是一件轻松的事情，会涉及很多事情，而且并不是转学就能解决问题，出现问题我们首先要想办法解决问题，而不是一味地逃避。让孩子学会勇敢地面对挫折，做生活中的强者，这样才能更好地笑对人生。

35 家长总是觉得孩子被欺负该怎么办

问题描述

课间时分，三年级男孩小缪和小张在走廊里玩游戏，小缪脱下一只鞋子追逐小张，把鞋子扔向小张。小张被鞋子击中背部，捡起小缪的鞋子从二楼扔下。小缪哭了，觉得自己被欺负了。小缪家长质问老师："今天把我儿子的鞋子扔下去，下次是不是要把我儿子扔下去？你们管不管？为什么总是欺负我的孩子？"

家长心声

面对孩子在学校"吃了亏"，受到了委屈的情况，我非常担心自己的孩子受到生理或心理上的伤害。回家听到孩子说起自己被同学欺负了，我很心疼也很气愤，马上就往"校园欺凌"上联想：孩子在校是不是经常被同学欺负？会不会留下心理阴影？老师关心不关心我的孩子？我该怎么办？

孩子心声

我在学校很喜欢和同学一起玩游戏。可是玩到后来，也不知道是怎么回事，我就会被同学欺负。我只是跟他们玩而已，也没有做错什么，同学就突然生气了，朝我发火，扔我东西。我感觉很委屈就哭了，忍不住骂同学打同学，老师为此还批评我。为什么就要欺负我呢？就不能好好玩吗？

问题解答

由于家庭背景、成长环境、性格因素等不同，有的孩子不善于处理同伴之间的冲突，总认为自己被欺负了，以消极的态度发泄被欺负后的情绪，比如说脏话、动手打人、哭闹不止等。由于不断重复错误的交往模式，这类孩子始终交不到朋友，又找不到解决办法，被欺负事件不断上演，总觉得自己吃了亏。面对这种情况，家长肯定是会心疼、着急的。家长可以这么做：

第一，接纳情绪，梳理细节。孩子在与同学交往中发生冲突、产生分歧，觉得自己被欺负，感到委屈、愤怒、无助时，家长要蹲下身来聆听孩子的心声，帮助孩子消解消极情绪。告诉孩子，自己始终会和孩子一起面对。孩子感受到家长的支持，就能够冷静下来重新审视、梳理自己和同学玩耍的过程中发生的细节，认识到自己的哪些行为突破边界引发了他人的不舒服。

第二，帮助孩子学习解决冲突。家庭教育中要多训练孩子用恰当的行为进行交往，规范孩子的言行举止，让孩子形成一定的边界感。引导孩子使用“对不起”“谢谢”等文明用语，不在言语上激怒他人，不在行为上侵犯他人的边界。当遇到和同学意见有分歧时勇敢表达自己的想法、感受，促进相互尊重、理解，及时化解冲突。

第三，教给孩子与同伴交往的技巧。家长可以帮助孩子培养一到两项兴趣爱好，塑造孩子阳光的心态，树立孩子在“朋友圈”中的正面形象，获得尊严。“物以类聚，人以群分”，兴趣爱好相同的孩子常常能玩在一块，扩大交际圈。家长还可以和孩子一起通过角色扮演，学习如何融入同学圈子，如何邀请朋友，如何拒绝同学不合理的要求，等等，加深孩子的体验感，并让他们将学到的技巧运用到同伴交往中。

第四，鼓励孩子参加户外活动。家长可以鼓励孩子积极参加户外活动，让孩子变得心胸开阔、阳光开朗，不对小事斤斤计较。通过打篮球、踢足球等团体性运动，孩子既能强身健体，增强勇气，又能在合作中提升和队友交往的能力，在比较激烈的对抗中学习化解冲突的能力。

36 孩子害怕和老师交流怎么办

问题描述

每个班级里都有不少害怕和老师沟通的孩子。他们在学校有了困难宁愿选择回避也不会主动向老师寻求帮助。老师通过其他渠道了解了情况与孩子沟通交流时，哪怕完全没有批评、指责孩子的意思，孩子也很紧张，声音很小，身体摇晃，有的孩子甚至会害怕到哭泣。

家长心声

我家孩子学习成绩中等，班里大事小事都愿意回家跟我们说。老师很通情达理，但是孩子很胆小，有了状况不敢跟老师说，常常在办公室门口徘徊几圈后还是不敢进去。我们希望孩子能够多和老师沟通，尤其是遇到问题时能主动求助于老师，所以一直和孩子说与老师沟通的重要性，但是从目前情况来看效果并不明显。我们该怎么做才能让孩子主动和老师沟通呢？

孩子心声

我在班里表现一般，学习成绩不好也不太差。我在学校里遇到了问题总是自己想办法解决，不能解决的话我就拖着，因为不敢去找老师。有时候我很担心老师会批评我，说我表现不好。但有时候明知不会被老师批评，我还是不敢跟老师说，也不知道该怎么说才更好一些，总是很害怕自己在老师面前表现不好。

问题解答

受传统“师道尊严”的影响，面对“老师”这个“权威”形象，有些孩子对老师有所惧怕是可以理解的。但如果对老师过于惧怕，影响到了正常的沟通交流，就需要帮助孩子积极调整心态。可以从以下几个途径着手解决：

首先，尊重孩子的不同气质类型。每个孩子先天气质类型都不一样，都有其不同的特点和优势，我们要尊重孩子的先天气质。胆小内向的孩子虽然不太善于沟通，但是却有做事谨慎、处事稳重等优势。每个孩子都是独一无二的个体，都有自己的行事风格，都值得被尊重和接纳。老师和家长不能要求每个孩子都是社交小达人。

其次，以实际行动示范沟通之道。孩子是在模仿中学习成长的，如果家长在日常生活中能与他人积极主动沟通，孩子就能在耳濡目染中学到交往的策略。如果家长在家里示范如何与老师交流，并和孩子一起代入角色进行演练，不但能让孩子知道老师并没有那么可怕，反而是非常愿意帮助学生的，而且能更有效地让孩子学到沟通的技巧。

再次，创设情境促进沟通。家长鼓励孩子尝试主动去找老师解决问题时，可以有意识地为孩子与老师的沟通行为搭建桥梁。家长可以经常创设一定的条件，给孩子布置一些与老师沟通的任务，比如和孩子约定每周找老师答疑等，从扶到放，循环练习以巩固成效。

最后，强化孩子主动沟通的行为。家长可以通过保持一定的频率不断鼓励孩子，来强化孩子主动与老师沟通的行为，如可以通过填表的方式，把孩子每次主动尝试沟通的行为醒目地标注出来，给孩子点赞；如果在一定的时间里达到一定的沟通次数，就给予相应的奖励。通过各种正强化方式，让孩子感觉到与老师沟通是快乐的，从而做到从容沟通。

37 得知孩子学习成绩时该如何沟通

问题描述

孩子放学回家，我问他最近一次数学考试得了多少分。他拿出试卷，面无表情地放到桌子上说："自己看。"当看到只有85分时，我马上来气了，忍不住责备说："怎么考这么低的分数？你究竟是怎么学的？""分、分、分，你就知道分。"孩子气呼呼地说完后回到自己的房间，关上门就不再理我了。得知孩子成绩不佳，我怎么说才妥当呢？

家长心声

每次考完后，我们当家长的总是关心成绩的。孩子到底考了多少分，是进步了还是退步了，名次提升了还是掉下去了，这些都是家长想知道的。面对不佳成绩，我们常常没说几句，孩子就不耐烦了，有时候甚至还会起冲突。真不知道现在的孩子为什么这么难沟通。

孩子心声

妈妈就知道关心成绩，其他都不关心。就知道批评，进步了也看不到。就拿这次考试来说，数学特别难，85 分已经算高分了，名次也比以前有提升。可是她只看表面，不分青红皂白就开始唠叨、责备，看不到我的进步，真让人受不了。

问题解答

家长怪孩子难沟通，孩子怪家长不理解。其实，当家长知道孩子的成绩时，只要做到以下几点，就可以达到较好的沟通效果。

首先，可以问问孩子“你对自己的成绩满意吗”，先听听孩子的感受，给他表达的机会。家长不应先表达感受，更不要责备孩子，那样很容易走进死胡同。因为学习是孩子的事，应该让孩子体验考试成绩带给他的感受，并将感受告诉家长，而不是让孩子先倾听考试成绩带给家长的感受。

如果孩子对自己的成绩感觉满意，可以接着问他“你打算怎么庆祝呢”，让孩子自己提愿望，而不是家长自作主张怎么奖励他。因为庆祝是体验到自我满足感之后与他人分享快乐的一种方式，而家长提出奖励则有点家长是高高在上的、比孩子更有能力的意味，这样会稀释了孩子的自我满足感。

如果孩子对自己的成绩感觉不满意，家长则要给予共情和安慰。比如跟他说“看得出来你很不开心”“我同你一样难受”，千万别再唠叨“都是平时不认真”“你是怎么学习的”之类的话了。

其次，不管是满意还是不满意，都可以再问问孩子“你觉得跟以前的自己比，是进步了还是退步了”。有些家长知道孩子成绩时，习惯这样问：“最高分是多少？最低分呢？你同桌考了多少分？……”不要让孩子跟别人比。因为让自己越来越好的内动力是人的本能，孩子都有一颗向上的心。如果孩子感觉进步了，就会产生幸福感、成就感，培养成长型思维；如果退步了，孩子则会内疚、总结和反思，寻找解决的方法。

再次，还可以问问孩子“这次考试，你觉得还可以提高的地方在哪里”，鼓励孩子自动找寻增长点。代替孩子分析不是我们家长该做的，支持孩子主动分析才是我们家长应该做的。

当知道孩子的学习成绩时，我们做家长的应当停止自己的唠叨，听听孩子的感受，表达我们的同理心，激励孩子找寻进步的空间，这样才能达到理想的沟通效果。

38 孩子与同学闹纠纷怎么办

问题描述

老师给小宇爸爸打电话说，班里童童爸爸向老师反映小宇今天打了童童。童童爸爸的意思是小宇的家长没教育好孩子，导致他女儿被欺负，希望老师给个公道。这事没人和老师说，老师不了解情况。小宇回家没和家长说起，小宇爸爸也不清楚怎么回事，该怎么处理呢？

家长心声

孩子刚入学，作为家长总是忍不住关心孩子在校过得怎么样，有没有吃好，有没有认真听讲，和小朋友相处得如何。当听到自家孩子和同学起冲突的时候往往不能冷静，既怕孩子吃亏，又怕孩子不懂事欺负了同学。孩子间闹点小纠纷虽说很常见，但该怎么处理，怎么和孩子、老师以及对方家长沟通，都是问题。

孩子心声

在学校里，我最喜欢的就是和小伙伴们一块玩耍，一起做游戏，哪怕就是在走廊上追来追去也很开心。在游戏中，大家玩着玩着就成了好朋友，偶尔吵个嘴，你打我一下，我打你一下，也是常有的事。觉得自己吃了亏委屈的话，有时我会去老师那里告状，有时我会回家告诉爸爸妈妈，有时过会儿我就忘了这事。

问题解答

孩子间有些小矛盾、小纠纷往往不是什么大事，但也得妥善处理，给孩子以正确的引导，让孩子学会正确对待同学之间的冲突。

第一，千万要冷静，先镇定自己的情绪，弄清事情经过。孩子之间的打闹很多时候连他们自己都说不清孰是孰非。家长切莫急于批评孩子，可以心平气和地问问孩子："究竟发生了什么事？"引导孩子如实地将事实的经过讲清楚，不要立马评判谁对谁错，更不能一味批评一方袒护另一方。说不定，孩子们第二天就自己化解了矛盾，手拉手又成为朋友了呢。

第二，帮孩子一起分析事情的根源，探究解决问题的办法。了解事情经过后，父母应先和孩子一起分析为什么会发生这样的事，听一听孩子的说法，了解孩子对这件事的感受和态度。下一步，父母再进行有针对性的教育，指导孩子用合理的方式去解决矛盾。如果确实是自己的孩子错了，一定要让孩子知道自己错在哪里，培养他的是非观念。如果是对方孩子无心造成的过失，家长应教育自己的孩子要有宽广的胸怀，要学会原谅别人。学校里发生的矛盾，如果真的让孩子觉得很委屈，家长可以告诉孩子，要学会向老师求助。

第三，务必和老师进行良好的沟通。和老师交流的时候，要就事论事，不要带着很强的情绪色彩，无论是指责对方孩子，还是训斥自己的孩子，都不利于沟通。特别要注意的是，不要急于下结论，说对方孩子有这个问题那个问题，也不要急于让老师下结论，非要老师分出个对错好坏。孩子看待问题的角度很有可能是片面的，讲述的时候也常常自然而然地强调自己的理由，对于孩子的一面之词，我们家长不能“听风便是雨”，需要请老师帮助了解一下更全面的情况，倾听老师的意见和建议。

第四，要友好地与对方父母沟通，鼓励孩子正常交往。如果自家孩子做得不对，诚恳地带着孩子给对方道个歉。孩子的心智毕竟不够成熟，即便确实是对方孩子做错了，也要心平气和地与其家长对话。父母的言传身教对孩子的影响是深远的，不要因为孩子间的纠纷就限制孩子与同伴交往，一味逃避不利于形成良好的人际关系，要与对方家长友好地解决问题。这样做能够化干戈为玉帛，让孩子在成长过程中增长与人交往的经验，同时也拥有更多的朋友。

39 “弱孩子”在学校受到欺负该怎么办

问题描述

孩子打小是奶奶照顾的，很多生活上的事情都由家长一手包办，自理能力非常弱。入学后，不管是在学习用品整理、作业完成情况还是听课效率上，孩子的表现都与同班同学差距甚大。随着年级升高，同学对她的意见越来越多。比如，她一直整理不好个人学习用品，桌下总有个“垃圾场”，值日生对此有很多怨言。某天，三个值日生“合伙”把她丢在桌下的餐具、学习用品扔进了垃圾桶，她去找回自己的东西还被大家说成是“捡垃圾的”，心里非常委屈，当日回家后大哭了一场。

家长心声

我们将孩子的早期教育任务交给祖辈，忽视了对她生活习惯、学习习惯的培养，如今我们感到挺后悔。孩子入学后，我们在和老师的交流中也意识到家长包办的危害，但是在家看着孩子做事磨磨叽叽，这也不行那也不行，还是经常忍不住出手帮她干了，因此，孩子的习惯培养情况和学习能力也就一直得不到改善。对此，我们心里很焦虑，但不知道该怎么办才好。

孩子心声

和周围的同学比，我也知道自己很多方面存在不足，很想改变，但力不从心。家里还好，有爷爷奶奶、爸爸妈妈可以依赖，学校里在同学们面前暴露自己的不足，就觉得很难为情，真希望自己能像有的同学那样把东西整理得井井有条，但我实在做不到，心里很烦恼。面对同学的欺负，又不知道该怎么回应，心里觉得很难受、很委屈。

问题解答

对于此次事件，家长怎么处理才合适？作为这样一个“弱孩子”的家长，今后该怎么办？

首先，需要安抚孩子，让她的情绪尽快稳定下来。家庭是孩子的港湾，孩子觉得伤心、委屈的时候，要让她感受到父母的关心、家庭的温暖。

其次，解铃还须系铃人，在学校发生的事，还得和老师联系，和几个“当事人”沟通。如果老师能引导全班同学针对此次事件中几名同学的做法进行讨论，就能形成正确的班级舆论，起到集体教育的作用。孩子没有妥善地保管好自己的个人物品，给值日生工作带去了困扰，确实要努力改进。但是三名值日生也不该欺负自理能力弱的同学，而是应该及时予以提醒和帮助。

再次，也是最重要的，就是要加强对孩子自理能力的培养，让她逐渐由“弱”变“强”。冰冻三尺非一日之寒，不良行为矫正不可能在一朝一夕间完成。良好行为习惯的养成也需要一个比较长的过程，因此，一定不能心急，孩子自己能做的事情家长不包办代替，而是要引导孩子慢慢地改进。这个过程中最重要的是接纳孩子，多多采用正强化的方式，耐心地给予孩子鼓励、支持和帮助。

最后，还要注重孩子人际关系的培养。支持孩子多与同学交流，建立起友谊。如果孩子在班里能有几个好朋友，对她的帮助会很大，孩子的成长也会更快一些。

40 孩子不适应新换的老师怎么办

问题描述

新学年换了新老师，孩子觉得不适应，回家老嘀咕说现在的老师这不行那不行，哪里不如以前的王老师，哪里又不如隔壁班的林老师。很多家长都遇到孩子换老师后不适应的情况，尤其有的新老师与原来的老师教学风格迥异，孩子对新老师产生抵触情绪，学科成绩也出现了波动，这样的情况令家长十分焦虑。

家长心声

新学年换老师是正常现象，我们希望孩子能学会适应老师不同的教学风格。平时总叮嘱他主动和老师交流、上课积极举手发言，但好像没什么用。老师反馈说，孩子上课还是不认真听。作为家长，我们也明白是孩子对老师有了抵触情绪。孩子回来抱怨的次数多了，我们也有点疑惑，是不是真的老师有啥问题。

孩子心声

新来的这个老师我真的喜欢不起来，他太严格了，什么事都要求我们必须按他说的去做，偶尔做错了就会挨批。我好想念原先的王老师！这次第一单元考试，我的成绩退步了，爸爸妈妈发现了的话，指不定要怎么批评我呢。可是，新老师上课我就是听不进去嘛！现在这个样子，我自己也觉得挺烦恼。

问题解答

孩子在和新老师交往的过程中，由于不熟悉、不了解、不适应，对老师产生抵触情绪，这是正常的，家长得想办法帮助孩子度过这个阶段。

第一，家长要认同并接纳孩子的情绪，和孩子共情。听到孩子念叨原先的王老师，可以这样说："王老师以前确实很关心你们，你想念她，说明你是个重感情的孩子，有空你可以去看看她。"即便孩子在说新老师的不是，也不要一听就立马批评孩子，而是先表示理解孩子的心情，等孩子情绪稳定了，再引导孩子换位思考去理解老师的良苦用心。

第二，增进孩子对老师的认识，增加孩子对老师的熟悉感。家长可以多和孩子谈论班级和新老师的事情，比如请孩子模仿老师说话和上课的样子，讲讲老师的故事，等等，有意识地引导孩子去认识新换的老师。

第三，引导孩子寻找老师的优点，增强亲密感。从某种意义来说，好孩子是夸出来的，孩子心中的好老师也是夸出来的。家长多在孩子面前夸夸老师，多多放大老师对孩子的关心以及教育教学工作中的一些优点。还可以引导孩子试着每天发现新老师身上的一个优点，让孩子将更多的注意力集中到新老师身上，从而增强亲密感，增进对老师的喜爱。

第四，家长还可以进一步引导孩子转换思考角度，提高适应力。原先的老师不错，但更换老师也有很多益处，比如，可以让孩子接触到不同风格的教学方式，有助于孩子掌握不同的学习方式。还可以引导孩子主动和老师沟通，找恰当的时机向老师请教一下自己学习上的困惑该如何解决，等等。这样不但能改善孩子和老师之间的关系，还能让孩子发现真诚、及时的沟通在人际关系中的重要作用，从而促进孩子社会交往能力的进一步发展。

师生关系是学校生活中最基本、最重要的一种人际关系，良好的师生关系可以营造和谐的教学氛围，最终促进学生的全面发展。在孩子与老师之间，家长就是最好的润滑剂。家长信任老师、信任学校，引导孩子了解老师、喜爱老师，就能帮助孩子与老师建立良好的师生关系。

41 孩子被“小团体”孤立了该怎么办

问题描述

这学期观察到班里有个男生变得沉默敏感，学习劲头也不像以前那样足。联系家长后，妈妈反馈说，孩子在学校有三个很要好的朋友，原本四个人是一个很和谐的“小团体”，没想到这学期因为一点小事其中一个同学就和他“冷战”了，还让另两名同学也不要理他，到现在已经两个多星期了。家长很想帮助他，可是不知道怎么办。

家长心声

一开始在听到孩子反映“谁不跟谁玩”时，我完全不在意，觉得小朋友之间有这样的问题很正常，过几天自然而然就又和好了，没啥大不了的。没想到后面情况越来越严重，我也劝他了，如果别人还是不跟你玩，可以去找其他小伙伴玩，不明白为何简单的人际交往问题会对孩子有如此大的影响。

孩子心声

从一年级开始，我们几个就是好朋友，我一直很喜欢和他们三个一起玩，也觉得我们会永远是好朋友。没想到为了一件小事，他们就这样孤立我，他们是不是一直没把我当成朋友？我付出了那么多，他们有困难的时候我总是帮助他们，有什么东西忘记带了我也是直接就借给他们，没想到没有得到一点回报。既然他们不理我，那我也不想理他们了。

问题解答

小学高段的孩子较注重同伴关系，在集体中被接纳并建立友谊会使孩子在心理上得到一定满足，从中获得安全感和归属感。如果因为相处中的某一件小事或某些性格特征方面的原因而被“孤立”时，孩子往往会自我怀疑，心情压抑，表现在外显行为上是注意力不集中，闷闷不乐。如果这个时候，家长还觉得孩子的事都是小事，忽视孩子的感受，只会让敏感的孩子的心理状态雪上加霜。那么该如何处理这个问题呢？

家长要相信孩子有解决问题的能力，并且可以尝试利用焦点解决技术帮助孩子找到解决问题的办法。

什么是焦点解决技术呢？我们一起来看一个例子：

家长：叶同学让其他人不和你玩，这让你很心烦。那么接下来你希望事情有什么改变呢？

孩子：我希望我和好朋友不要总因为这件小事不高兴。我希望这件事不再影响我的生活。

家长：那以前有没有什么时候，这样的矛盾也发生了，但是你们没有不愉快，你们的友情也没有受到影响呢？

孩子：有的，之前有一次我和他也吵起来了，但后来我先道歉了，另外两个好朋友又从中调解了一下，我们就没事了。

家长：看起来那次你成功地应对了这个问题，后来怎么样了呢？

孩子：后来我们就和以前一样要好了。

家长：你的感觉呢？

孩子：那次我感觉还是蛮开心的。

首先，和孩子进行开诚布公的谈话，并鼓励他自己寻找解决问题的办法。在谈话过程中，我们需要特别注意在基本相同的情况下，却没有爆发问题的“例外”。由这些“例外”我们可以找到问题的解决方法，比如让孩子先向同学道歉，或者先寻求另外两个好朋友的帮助。这些方法，如果是由我们直接告诉孩子，孩子一时会难以接受，觉得拉不下面子，但是当我们通过谈话唤醒了以前他这样做之后获得问题解决的喜悦感时，相信孩子会找到自己觉得合适的方法来应对问题。

其次，关注事件过程中的“小变化”。好的开始是成功的一半，小目标可以使孩子提升信心、增强动力。所以，我们在和孩子的谈话过程中，要引导孩子看到小改变的存在（比如这两天另外两个同学又开始和他一起玩了），看重小改变的价值，促进小改变的发生与持续，最终彻底扭转不利的局面。

值得注意的是，孩子们在学习和交往过程中，有几个兴趣爱好相投的朋友，自然而然走得近一些，这是正常的。但是如果为了个人或一些“小团体”的私利，有意无意地做出排斥甚至伤害他人的言行，这是不允许的。家长要及时地加以引导，使“小团体”朝着健康有益的方向发展。

42 孩子说老师对他有偏见该怎么引导

问题描述

一天，一位母亲通过微信联系我们，说孩子在家哭诉班主任对其有偏见，总是针对他，他表现好得不到表扬，一旦有一点小错就会遭受批评。而这样的对话已经不是第一次发生了，家长之前和孩子交流了几次没有什么效果，提出转学孩子又不愿意，家长对此非常无奈，想问问我们有没有什么好办法。

家长心声

作为家长，很清楚老师对孩子成长的重要性，因此当孩子回来说老师好像不喜欢自己的时候，我们很容易感到矛盾与焦虑：一方面怕孩子确实在学校受到不公正的待遇，给他的心灵带来伤害；另一方面又怕这只是孩子判断错误，但孩子却因而对老师、对学习产生抵触情绪，导致成绩下滑。为了这样的事去找老师似乎有些“尴尬”，训斥孩子又常常适得其反，到底该如何解决成了令人头疼的难题。

孩子心声

我已经六年级了，老师还总是当面批评我，这真的是让我太丢脸了。而且同样是上课讲话，别的同学也讲，为什么老师偏偏就只批评我！别的同学讲话老师没看到就不批评了，这样太不公平了！是不是因为老师不喜欢我才总是批评我呢？

问题解答

小学高段孩子的独立意识迅速发展，会对老师进行审视并做出自己的评价。但这种评价又是十分感性的，缺乏整体客观的标准，孩子可能会因为老师的某些打扮、言论，或者是其他同学的态度而对老师有看法。那么该如何扭转孩子的想法呢？

首先，要帮助孩子释放消极情绪。作为家长，当听到孩子说某个老师对他有偏见时，别急着打断和指责。让孩子在宽松、自由的氛围中毫不隐瞒地把自己的态度和抵触老师的原因讲出来。借此，孩子可以发泄对老师的不满，家长也可以初步弄清事情的原委。需要注意的是：在这个过程中家长一定要保持中立，不要随意指责孩子，也不要在孩子面前发表否定老师的言论。孩子的情绪通常来得快，去得也快，一场畅快的发泄就是最好的心理疏导。

其次，要积极引导孩子全面客观地看待老师。待孩子心平气和时，可以与他一起冷静地分析事件经过，客观看待抵触情绪所带来的利弊；或者可以来一场“cosplay”（角色扮演），模拟一下当时的场景，由家长来扮演孩子，孩子来做老师，让孩子换位思考，体会老师的情绪和难处。平时家长也可以多和孩子聊聊他与老师之间发生的事，积极引导孩子全面客观地看待老师。

再次，多与老师沟通，消除师生间的隔阂。当然，我们也要明白，孩子之所以会产生这样的情绪，主观上是十分在意这个老师的。因此，除了和孩子沟通，家长可以尝试跟老师多沟通，了解孩子在学校的表现，对师生关系产生正向的助力，以此来消除孩子对老师的“误读”。在这一过程中，老师可以在家长的提示下，通过重复关注看到孩子的优点，给予孩子鼓励和表扬，让孩子恢复对老师的敬重感；家长也可以经常在孩子面前说说老师的反馈，让孩子从心里感觉老师还是关心、在乎自己的，这样孩子对老师的态度很快就会发生改变。

43 家长怎样才能帮助孩子交到好朋友

问题描述

刚开完一年级新生家长会，有很多一样兴奋、紧张、百感交集的家长。有一位家长问：“孩子内向、胆怯，不爱说话，怕孩子不合群，没朋友，别的小朋友三五成群玩得开心，却没人和他玩。”孩子进入一年级后，要面对新同学、新老师，一切都很陌生，该怎么帮助孩子交到好朋友呢？

家长心声

我知道学校就像一个小社会，孩子刚进入校园开始尝试和朋友相处，往往是孩子社会化的开端，对孩子的成长非常重要，所以我很重视这关键的第一步。而我家孩子平时就表现得内向、胆怯、不爱说话，那他到一个新的校园环境会不会难以适应？会不会在班级里不合群？会不会交不到好朋友？我们非常担忧，但又没办法去学校帮他交朋友，也不知道如何在短时间内帮助孩子做出改变。

孩子心声

我看到其他小朋友一起开心地玩，很羡慕，也好想加入，但是我有点不敢，怕他们不喜欢和我玩，怕他们拒绝我。有时候我鼓起勇气加入，却把游戏搞砸了，他们就会责怪我。也有同学找我玩，但是下一次他们就不会找我了，他们会找更要好的朋友玩。每个同学都有好朋友，我好羡慕，也很难过，我感觉大家都不喜欢我。

问题解答

从孩子的发展来看，随着年龄的增长，特别是经过幼儿园生活后，孩子的情感越来越丰富了，在学校和班级中建立良好的人际关系是非常重要的。孩子在结交朋友的初期，可能会面临各种各样的困难，他们非常需要家长给予适当的指点和帮助。家长可以尝试这么做：

首先，帮助孩子了解自己、接纳自己。悦纳自己是悦纳他人的基础，因此在和孩子交流的时候，我们要客观地指出他的不足，但也要告诉孩子："每个人都是独特的、不同的，虽然运动不是你的强项，但你学习知识的能力很不错啊！"让孩子快乐积极地接受自己，不因为自己的优点而骄傲，更不因为自己与他人的差距而自卑。

其次，教给孩子正面、积极的方法，亲身示范。家长有意识地记住孩子班级同学的名字，上学、放学的时候主动和其他家长及孩子打招呼，这既是潜移默化影响孩子，又为孩子在小伙伴的心目中增加了印象分。父母是孩子的第一任老师，父母的一言一行孩子都看在眼里。

如果父母与人交往真诚，那么孩子待人也会积极热情，所以父母要给孩子做好榜样。

最后，可以为孩子筹办一些活动，给孩子提供交朋友的机会。比如在家里为孩子准备一些有意思的派对，邀请小伙伴到家中做客。尤其是孩子如果能和小伙伴一起过生日，是特别有纪念意义的。这些集体活动，是孩子们交往的绝好机会。对于平时更倾向于独自玩耍的孩子，家长可以为他创造这样的机会，便于他找到兴趣相投的朋友。

44 如何对待孩子之间的矛盾

问题描述

孩子之间产生矛盾，家长用刀捅死了另一个孩子——这则令人震惊的新闻引发社会热议。孩子在成长过程中，与同伴闹矛盾是常有的事，作为家长该如何应对呢？

家长心声

孩子与同学闹矛盾，我要是批评自己的孩子，怕他心里委屈；我要是批评人家的孩子，又怕被人说护犊；遇到常惹事的主，想找对方家长谈谈，担心让矛盾升级；劝自家孩子避而远之，也不是个长久的办法。

孩子心声

每次跟同学闹矛盾，爸爸就批评我，说一个巴掌拍不响，我觉得好委屈，事情都没问明白就批评我，下次有什么事，我再也不告诉他们了。

问题解答

处理矛盾是孩子成长过程中必不可少的经历，家长的反应是否得当体现的是成人的智慧，影响的是孩子的格局。最忌讳的是家长不分青红皂白出面干预，一味斥责对方孩子或找对方家长理论，这容易滋长自家孩子唯我独尊的不良习气，而且把孩子的矛盾升级为大人的矛盾；但一味指责自己的孩子也不行，孩子会对家长产生不信任感，不利于亲子关系的建立。我们先通过一则小故事来找答案吧。

一个小男孩非常调皮。一天，他在学校与同学打架，搞得自己伤痕累累，回到家大哭。

爸爸问他："委屈吗？"

小男孩回答："委屈！"

爸爸又问："生气吗？"

小男孩回答："很生气！"

爸爸继续问："那你需要爸爸为你做什么？"

"爸爸，你帮我找块砖，明天我到学校从他的后面用砖拍他的脑袋。"

爸爸回答："好。还有什么需要爸爸帮你的吗？"爸爸回答得非常淡定。

"爸爸，帮我找把刀，明天我到学校从他的后面用刀捅他。"小男孩又提出要求。

爸爸仍旧淡定地说："好的。"然后转身到楼上去了。小男孩得到了认同，情绪也平静下来了。

过了 20 分钟，爸爸从楼上下来了，他没有拿刀和砖，而是抱了一大堆的衣服、被子下来，并且问小男孩：“儿子，你决定了吗？到底是用砖拍他还是用刀捅他？”小男孩不解地看着爸爸，用砖拍和用刀捅，和这些衣服、被子有关系吗？爸爸解释说：“如果你要用砖拍他，警察就会把我们抓去至少关上 3 个月，那我们带些薄衣、薄被就够了；如果你要用刀捅他，那么我们起码要蹲 3 年监狱，这样一年四季的衣服和被子都要带齐。儿子，你想好了没有？”小男孩不好意思地说：“原来是这样啊！算了，其实我也有错。”

故事里的孩子，与同学打架受伤，这位家长第一反应不是找学校说理、找家长赔偿，也不是找孩子复盘，更没有批评、说教，因为他知道，人在情绪激动时，大脑是接收不到任何道理和批评的。他“认同”了儿子的想法，还对他的提议表示“赞同”，当一个人的行为被认同时，他的情绪就会稳定下来，并慢慢地恢复理智。这是必不可少的第一步。

等孩子情绪好一点儿了，再来复盘这场矛盾。很多时候，孩子间的矛盾都是一些小事情，成人无须纠缠在里面把事情搞复杂。复盘不是为了要找出谁该承担责任，谁该被批评，而是让它成为孩子成长的一个好契机。孩子可以和家长一起想想自己在这场矛盾里扮演怎样的角色，以后可以如何减少矛盾，通过自己的力量可以怎么解决矛盾。家长还可以跟孩子聊聊交友观，引导孩子感受原谅的力量，“退一步海阔天空”；引导孩子理解并不需要跟所有人做朋友，有的人做做点头之交即可。故事里的爸爸做到在尊重儿子的选择的同时，让儿子明白，选择是要承担后果的。这样的处理方式，让原本令人糟心的矛盾也变得有意义。

孩子在成长的过程中会遇到各种各样的事情，不管是好的，还是相对不好的，都是成长的一部分，只有经历这些事情才能丰盈他们的人生。

45 兄弟经常打架怎么办

问题描述

家有两兄弟，虽然年龄相差只有 3 岁，但经常因为某个玩具、某句话，一言不合便打架。两个人打起来特别凶，打头、踢脚等。父母害怕他们真的伤到彼此，所以就会制止他们，但是兄弟俩心里其实并不服气。

家长心声

人家兄弟如手足，但是我们家里两兄弟好像是前世的仇人一样，动不动就打起来了。作为父母，我们担心他们会受伤，也担心兄弟之间的感情受影响，总是要当“法官”和“救火兵”，真的是愁死人了。

孩子心声

爸爸妈妈很不公平，总是偏心弟弟。同样是打架，而且是弟弟先动手抢我的东西，总是责备我，还说我是哥哥得让弟弟。而且爸爸妈妈对弟弟说话总是细声细语，对我说话态度很凶。我知道他们一定是爱弟弟超过爱我。

问题解答

在解决弟弟和哥哥的冲突过程中，爸爸妈妈尽可能在平时多给予哥哥一些单独的高质量的陪伴，让哥哥不会感到因为弟弟的到来而失去父母的关爱。同时让他给弟弟提供一些力所能及的帮助。爸爸妈妈也要经常引导弟弟向哥哥表示感谢。

一般情况下，两个孩子年龄相差不大，成长过程中起冲突，甚至发展到肢体冲突，是孩子成长过程中必然会经历的事。孩子们会在这样的经历中学到许多旁人给不了的东西。解决成长过程中与同龄人之间的冲突，就是孩子最好的社会情绪技能的学习过程。父母暗中观察，如果孩子之间的冲突不是很过分，很多时候可以不着急插手。

孩子之所以会用肢体冲突解决问题，因为他们解决冲突的能力有限，只会用低级原始的本能方式。孩子产生冲突正是父母引导孩子学习新的社交技能的好机会。

冲突产生后，父母可以用非暴力沟通的方式去帮助孩子解决。可以询问双方打架时各自的感受和内心真正的需求，然后进行协商，后面怎么做可以避免肢体冲突的发生。这里推荐爸爸妈妈学习非暴力沟通这门课程，同时可以带孩子们玩一次非暴力沟通的桌游，效果会相当好。

爸爸妈妈也可以和孩子们一起进行头脑风暴，商量出解决冲突的更好的方法，做成一个选择平衡轮，贴在家里醒目的墙上，供孩子们选择。一旦冲突发生，可以带孩子们到选择平衡轮前，询问他们是否可以从中找到更好的方法。如果其间有人选择比打架更好的策略解决冲突，要不断肯定他，正面强化他的选择。

哪怕使用了非暴力沟通这样的技术，真正收效也是循序渐进的。孩子心智尚不成熟，有的时候还是会用肢体冲突解决问题，来不及阻止的时候，父母要在孩子打完架之后，做个温和的非暴力沟通的复盘，继续给哥哥弟弟更多的共情力和同理心，剩下的就交给时间，等着兄弟俩慢慢长大。

情绪管理篇

TIPS:46～58

人人都有情绪，不分男女老少。无论哪种情绪，都没有好坏对错之分，都是我们内在认知感受的外在反映。受信念和价值观的影响，我们对事情的解读会不一样；受人生观和世界观的影响，我们看事物的视角、对事件的反应也会不同。每种情绪都有它存在的意义，尤其是反复出现的情绪，它在提示我们一些信息，如果你能成功解读，体察它并改变自己，就不会被情绪所控制。

当孩子的紧张、焦虑、害怕、愤怒等负面情绪出现的时候，父母不妨暂停一下，思考孩子的情绪在向我们传达什么信息，想一想孩子为什么会有这样的情绪，思考我们应该拿出什么样的解决方案或改变自己的哪些态度。

孩子焦虑，是不是因为他失去了对当下生活的掌控感，需要父母给他更多的自主权？

孩子压力过大，是不是因为父母把自己此生未完成的心愿强加在孩子的身上？是否需要及时调整父母自己的期待？

孩子乱发脾气，是不是因为缺少跟父母有效的沟通？是否需要父母更耐心地倾听孩子，体会到孩子真实的感受？

孩子是一个活生生的人，当我们从人的角度去看待孩子的情绪时，就能够把孩子的一些负面情绪当成其表达内心的信使，去读懂孩子的需求，就可以和孩子建立更紧密的情感连接，给予孩子真正想要的支持。这样，我们就能通过捕捉孩子的情绪而成为更给力的父母。

46 一年级的孩子不愿意上学怎么办

问题描述

开学不久，一位家长来求助。她的儿子现在读小学一年级，不愿意去上学，每天早上都得闹腾一大场。家长先是反复给他做思想工作，再是连哄带骗地拽着他去学校，到了校门口还得联系老师，让老师出来接，最后每次都是老师拉住孩子，自己慌慌张张“逃跑”，听到儿子在校门口声嘶力竭地大哭，却头也不敢回……每天来这么一次实在是够呛！

家长心声

儿子从小在爷爷奶奶身边长大，老人管得比较仔细，大小事情都包办，孩子自理能力比较弱，和同伴交往也很少，胆子特别小。上学了，他一下子来到陌生的校园，整天要和陌生的老师、同学在一起，从内心里觉得害怕，没法接受，所以特别抵触上学，每天都想赖在家里，赖在我们家长身边。我们怎么和他讲道理也没用，该怎么办呢？

孩子心声

爸爸妈妈告诉我，说每个小朋友都得去学校，学校里能学到很多知识。但我不喜欢上学，那里的老师和同学我都不认识，有几个大个子的小朋友还很凶，我害怕。老师第一天就对我们提了很多要求，这也不能做，那也不能做，还要自己整理东西、自己打饭、自己做值日生……好多事情我都做不好，太累了，我就是不想去上学。

问题解答

孩子不愿意去上学，需要先搞清楚原因才能对症下药。

第一，家长要控制好自己的情绪，耐心了解孩子不愿意上学的原因。家长不要因此发脾气、训斥孩子，而是要每天多花一些时间陪孩子，告诉孩子："刚开始到一个新的环境总会有点不安，这并没有关系，爸爸妈妈非常希望你在学校里过得愉快，同时也期待着放学后一家人快乐地在一起。"在和孩子聊天的时候，可以问一些具体的问题，以便对他在校的情况有一个清晰的认识，从中了解他不愿意去上学的原因。比如说，对照课程表，和他聊聊当天不同的课、不同的老师："你不是喜欢画画吗，今天美术课上你们画了什么？你画得怎么样？老师怎么说？""今天午餐哪个老师给你们打饭？有什么菜？你觉得好吃吗？"

第二，要大力激发孩子的乐观情绪，不断给予他积极的暗示。在和孩子的聊天时如果发现了一些正面的情绪，可以采用正强化的方法反复强调，比如说："××老师可喜欢你了，她向我表扬你今天进步了呢！"如果发现有负面的情绪，要帮助孩子缓解并努力消除，比如说："学校里每天的菜都不重样，也许明天就有你喜欢的菜了呢！再说，每一样菜都有不一样的营养，就算不是你喜欢的菜也要吃哦，这样身体才能棒棒的。"有需要的话，上学初期，可以让孩子在口袋或者书包里放一个他喜欢的小玩具，这能给予孩子安慰。

第三，和老师联手为孩子营造一个有安全感的环境。家长一定要在孩子那里多夸赞老师，孩子会很快感受到父母对老师的信任。要让孩子知道，如果在学校遇到了问题可以告诉老师，老师会像父母一样努力帮助他们。对于老师，家长需要主动加强联系和沟通，一方面，请老师在学校多多地关注孩子、鼓励孩子；另一方面，深入了解孩子在校的表现，以便回家以后有针对性地和孩子沟通，更好地激励孩子、帮助孩子。不过，需要考虑到的是，老师面对的是全班这么多的孩子，不能要求老师时时刻刻把注意力放到自己的孩子身上，偶尔关注不到也是正常的。

第四，帮助孩子尽早在班级里找到朋友，让孩子拥有幸福感。现在的孩子都是就近入学，要争取让住在自己家附近的同学成为孩子的好伙伴。家长要加强和邻居同学家长的沟通，热情待人、乐于助人，努力建立家长间的友谊，还可以利用周末组织几家进行亲子活动，让孩子之间多交往，尽快建立起孩子间的友谊，这样孩子的幸福感就能较快得到提升。

第五，家长还要耐心、温柔而坚定地要求孩子自己做能做的事情，有困难的事情指导他做，帮助孩子不断提升自理能力，越来越自信。孩子的进步不可能一蹴而就，从不喜欢上学到喜欢上学也是一个长期的过程，是家长、老师、孩子共同努力的结果。当孩子退缩的时候，家长千万不要沮丧，要一如既往地鼓励孩子，孩子一定会慢慢地不再抗拒上学，越来越阳光向上。

47 一年级的孩子一上学就肚子疼怎么办

问题描述

新入学的一年级新生中有这样一个男孩，长得虎头虎脑很可爱，但是每天早上一到学校门口就开始肚子疼，严重的时候还会呕吐。为此妈妈推迟了上班时间，每天陪伴孩子到学校门口，可是不管是耐心劝说还是提出严厉要求，孩子总是一开始好好的，一走到家长接送线附近就开始哭泣，说自己肚子疼，怎么都不能顺利进入学校。

家长心声

之前上幼儿园的时候孩子都是好好的，怎么到了小学反而这样了？小学不像幼儿园，难受了还能请个假，小学是有学习任务的，请假一天就有一天的知识没有学到，这怎么能不让我们着急上火！再看看别人家的孩子，同样是一年级，别人都好好的，我们做家长的更加着急，是不是孩子有什么问题？

孩子心声

小学和幼儿园很不一样，没有午睡，没有游戏，每天还要上那么多课，我真的不喜欢小学。可爸爸妈妈却坚持让我每天都必须去学校，甚至要一天起得比一天早。看着他们焦急的脸，我也更加紧张，每天到了学校门口我的肚子就开始抽痛，一阵接着一阵反胃。唉，我到底该怎么办？

问题解答

在排除掉身体的原因后，孩子如此表现的主要原因有两个。第一是转型期下的适应性较弱。孩子升入小学对他来说是人生中的一个巨大变化，在这个时期如果孩子本身的适应性较弱就可能会导致他对特定事物产生一些应激反应。比如看到校门就肚子疼就是一种明显的生理性应激。第二是当下的教育焦虑过重。社会竞争加大导致家长对孩子有过高的期望，家长对孩子的行为做了过多限制，却并未及时对孩子的紧张情绪进行良好的引导和疏解，可能会引起其不良情绪的爆发。

根据分析，在对孩子的行为有了初步判断后，我们可以通过以下方法帮助孩子走出情绪困境。

首先，冷静处理。作为家长，我们需要了解，情绪是会传递的，当周围人都很高兴时我们不知不觉也会变得开心，当周围人都很紧张时我们也会不自觉地紧张起来。因此，当孩子因为紧张而产生一些应激反应时，我们首先需要做的就是冷静处理、轻声安慰，让我们的平静逐渐感染孩子，使他慢慢放松下来。

其次，寻找原因。及时跟老师沟通，了解孩子在学校里有没有遇到什么特别的事件，比如，上课时表现如何？有没有受到老师的批评？下课时有没有小伙伴愿意和他一起玩耍？写作业的正确率如何？一年级刚入学的孩子常常讲不出原因来，因此需要我们常观察，发现孩子的压力源，再帮助孩子克服困难。实际的困难解决了，孩子的心理压力随之减轻，生理性的应激反应就能逐渐减轻。

最后，消除紧张。不要光盯着孩子的学习看，在家里多和孩子聊一聊学校里的生活，及时发现孩子表现好的地方进行积极的评价，可以采用“描述式表扬三部曲”，即“描述孩子的行为＋说出自己的感受＋将行为概括成一个词”。比如今天孩子主动捡起了垃圾，我们可以说“你主动捡起了垃圾，这真让妈妈感到高兴，你真是一个有责任心的孩子”。让孩子逐渐产生自己是一名优秀小学生的自信心、自豪感。同时也可以和老师达成共识，请老师们在学校也多对孩子进行积极评价，增强孩子的自信，逐渐消除孩子对学校的恐惧感。

幼儿步入小学，必然要经历从学前向学龄发展的过渡时期，作为家长，我们不仅要关注孩子的学习，更要关注孩子的心理健康，帮助孩子更快更好地适应小学生活。

48 孩子不爱学习，产生厌学情绪怎么办

问题描述

某天早上，老师接到家长电话，说孩子不想来学校。家长问孩子什么原因，孩子不肯说，家长不知道如何是好，只能向老师求助。面对孩子厌学的情况，家长应该怎么办？

家长心声

当我听到孩子突然说不想去学校时，没有任何心理准备，孩子又不肯说出原因，作为家长真的处于两难境地。一方面想让孩子去学校，但又不能逼迫他去，担心逼他去了学校会发生什么不好的事；另一方面如果让孩子请假在家，又担心他产生厌学情绪，以后都不去学校了，所以我只能干着急。

孩子心声

我不想去学校也不是一天两天了，感觉学校就是个牢笼，在那里毫无快乐可言，每天放学的那一刻才感觉是最开心的时候。每次想和

家长说心里话，聊聊学校里不开心的事，但他们总是敷衍我，让我好好学习，所以我再也不想和家长说心里话了。

问题解答

如果孩子厌学，找到厌学的原因很关键，是因为学习成绩不好、人际关系差，还是沉迷于网络？如果家长足够关注孩子，应该可以从孩子平时的表现或与孩子的交流中发现蛛丝马迹；如果孩子平时不喜欢和家长交流或交流得很少，说明孩子和家长的关系不融洽，孩子觉得家长不值得信任，不能给他足够的安全感。所以要解决这个问题，家长一定要有足够的耐心。

第一，家长要在最短的时间内获得孩子的信任。要改变以往的家庭沟通方式，每天保证有一定的聊天时间，多听听孩子的倾诉，了解孩子的苦恼，让孩子感觉到家长是可以信任、可以帮助自己的，那孩子就会和家长说一些心里话。家长可以从这些话中找出孩子不想上学的真正原因。

第二，要获得老师们的帮助。如果孩子是遇到了学业压力或人际关系方面的问题，就需要老师给予一定的帮助。老师可以通过减少作业量、组织小组合作等方式，为其适当地减负或给孩子一些力所能及的表现机会，来帮助孩子获得学习上的成就感。如果学习方面孩子变得自信了，人际关系自然也会好起来。

第三，家长要多给予孩子一些鼓励和认可。每个学生都想获得好的成绩，但由于各种原因成绩老是上不去，孩子会产生焦虑情绪。如果家长能经常给予一些鼓励和认可，孩子就会觉得家长没有放弃自己，从而对自己有信心，也会缓解自己的焦虑情绪。

第四，多关注孩子的兴趣爱好。不要认为兴趣爱好会让孩子不爱学习，相反，有一些兴趣爱好会让孩子的焦虑情绪得到一定程度的缓解。家长要做的，就是尽量关注并支持孩子的兴趣爱好，不要轻易对他们的爱好持否定态度。多和孩子聊聊他们感兴趣的事情，才能跟孩子有共同的话题。

第五，如有必要，可以寻找专业人士的帮助。如果孩子厌学情绪严重或强烈抵触上学，家长要尽可能地帮助孩子寻求专业人士的帮助，因为孩子可能已经遇到了压倒他们的最后一根稻草，必须有专业人士的帮助，孩子才可以渡过难关。

49 孩子若采用异常行为来缓解焦虑该怎么处理

问题描述

在一次监考过程中，监考老师观察到一名叫小王的男生边做题边拔自己的头发，90 分钟的考试结束时，答卷上已经铺满了被他拔下来的头发。监考老师进一步观察，发现拔头发这个行为，已经导致这名男生头上出现了几处明显的斑秃，特别是耳朵两侧和后脑勺部位。据班主任反映，小王拔头发的行为出现在初中入学后一个月左右，在考试、写作业的时候会比较频繁，当时班主任也没太留意，但后来症状越来越严重，班级同学中开始出现嘲笑小王的声音，有人甚至给他起绰号“公公”，这才引起班主任的注意并将此行为告诉家长，邀请家长来学校和心理老师聊一聊。

家长心声

我对孩子的学业要求不高，只要他每天能完成学校老师布置的家庭作业即可。但在生活上对他要求比较严格，比如吃饭的时候不能掉饭粒，纸巾用完要扔到垃圾桶，桌面整理干净整洁，但就是这些小事，孩子也总是做不好，导致有时候我会失去耐心而动粗。

当我看到孩子上初中以后开始拔自己的头发，感到匪夷所思，多次告诫孩子不可以这么做，但效果甚微。对此，我也感到很纳闷：自己没有在学业上给孩子什么压力，为什么还会出现这样的情况呢？

孩子心声

我非常渴望得到父亲的认可，希望自己能成为父亲的骄傲。但事实上，我总是在家庭中受到打压和否定，爸爸有时候还会说：“你这么大了，做点事情还不如幼儿园的妹妹！”所以我很希望在学业上有所进步，可以让爸爸认可、肯定自己。可是上初中以后，学业难度加大了很多，自己的学习基础又不算好，经常感到焦虑、沮丧，拔头发的时候会感觉很减压，久而久之就越拔越多了。对此，我也感到苦恼，但是遇到难题的时候就会不自觉伸手去拔头发。

问题解答

孩子试图通过异常行为来缓解焦虑情绪，其实与家庭因素有密切关系。要减轻孩子的焦虑情绪，最好的方法就是改变家长对孩子的态度，给孩子创设一个更加温馨的家。家长如果注意以下几点，就能够切实帮助孩子采取科学健康的行为来缓解焦虑情绪。

首先，改善家庭氛围。当家庭不和睦时，家长会将不良情绪发泄到孩子身上，甚至会用打骂的方式来进行发泄，孩子长期处于这样的环境，心理容易变得脆弱。所以，家长一定要给孩子提供温暖、平等、互相尊重的家庭环境，舒适的家庭环境可以降低引发孩子焦虑情绪的频率和程度，对孩子今后的人格发展也有很大的帮助。

其次，要和孩子多沟通。孩子产生焦虑的原因有很多：学习压力、人际关系、校园霸凌等都有可能使其陷入焦虑的情绪中。家长要引导孩子说出什么事情导致他焦虑，找到原因后再有针对性地加以解决，这样孩子的焦虑情绪就会及时得到缓解。

再次，要多陪伴孩子。很多家长因为忙于工作而忽略了孩子，缺乏和家长的沟通交流，会让孩子产生焦虑心理，让他觉得自己不招人喜欢。所以家长应尽量多陪孩子到户外开展运动，多和孩子互动，如一起做游戏、登山等。

最后，如有必要采用药物治疗。如果有些孩子的焦虑情绪很严重，已经无法单纯通过心理辅导来改善，就要带孩子及时就医，配合医生让孩子服用一些抗焦虑的药物。采用药物进行干预时必须慎重，以免给孩子身体带来伤害。

50 家长该如何应对暴脾气的孩子

问题描述

五年级的小韩同学发怒打人是常有的事。音乐课下课了，小韩冲出教室，走廊里一名四年级的同学正好挡住了他的路。小韩同学愤怒地朝这名同学挥了两拳后就跑了。老师问小韩为什么打人，小韩把拳头握得紧紧的，一声不吭，满脸怒意地盯着地面。

家长心声

我家孩子脾气比较暴躁，我们时常处理自己孩子暴怒之下攻击其他同学的事件，压力很大却又束手无策。我们每天苦口婆心地叮咛，在孩子心中变成了唠叨；严厉地训斥，更会引发孩子对我们家长的厌烦，造成亲子关系紧张。面对孩子发怒的行为，我只能无奈地问："你为什么要发脾气？"我们真的好无助，该如何帮助孩子控制情绪？

孩子心声

我学习成绩不太好，做作业很慢，整理东西的速度也慢，经常错过和同学玩耍的时间。我非常希望自己能够和那几个擅长玩游戏的同学一起玩，成为他们的朋友。所以，一下课我就飞跑出去，想找他们一起玩，可是那个四年级的同学却挡住了我的路，耽误了我的时间，我火气就上来了，我只想多跟同学们玩一会儿，他挡住了我的路，我就是要推开他！

问题解答

案例中造成孩子易暴怒的因素有很多，孩子由于学习能力和动手能力都比较弱，爱玩的天性、与同伴建立关系的需求等没有被满足，心中积累了较多的缺失感。孩子在处理事情时以自我为中心，结果受挫后导致情绪失控。家长要从根源上帮助孩子学会控制情绪，学会解决问题。

首先，传递“平和”，建立“尊重”。面对脾气暴躁的孩子，家长需要先安抚孩子的情绪，用温柔而又有力的眼神传递平和的气息，用温暖的手轻拍他肩膀，帮助他慢慢放松僵硬的身体。家长要倾听孩子的感受，可以问孩子：“那个时刻你有什么感受？”促使孩子觉察自身潜意识的想法。家长可以和孩子一起玩玩“照妖镜”“画自画像”等心理游戏，还原情绪爆发的场景，让孩子从旁观者的角度重新感受自己当时的情绪，体验情绪失控给他人带来的伤害，让孩子反思、改进。

其次，积极评价，增强自尊感。在生活、学习中多帮助孩子，积极评价孩子，让孩子有更多的获得感，从而缓解其愤怒的攻击情绪。家长要承认孩子间的差异，不要让孩子总是奔忙在追赶同学的路上，持续处于紧张不满的情绪中，失去了游戏的时间，让孩子学会合理安排学习和生活，劳逸结合，享受一些快乐时光，释放孩子的消极情绪。

再次，开展亲子活动，获得安全感。家长可以根据孩子感兴趣的运动项目开展一些亲子活动，既可以锻炼孩子的肢体协调度，适度加快孩子做事的节奏，还可以让孩子的大脑分泌多巴胺，获得更多的愉悦感。孩子感受到大人的陪伴和支持，能减少防御心理和攻击行为。

最后，家长示范，重塑行为。在平时的为人处世中，家长要做好示范，温和待人，不急不躁，让孩子在耳濡目染中学习怎样待人接物，怎样处理矛盾。和孩子相处时，多鼓励孩子，营造快乐轻松的氛围，和孩子做良性互动，滋养孩子的心灵。家人的温暖赋能，能让孩子感知爱与被爱，既帮助孩子学会关爱自己，也提升其关爱别人的能力。另外，对于因经常脾气暴怒而造成社会交往困难或学校管理困难的学生，建议家长带往医院就诊检查。

51 孩子在写作业时感到烦躁该怎么办

问题描述

临近期末，一个七年级孩子的母亲打电话问老师：她发现孩子最近无法静心写作业，孩子是语文课代表，但是最近语文练习完成得不好；临近期末作业也比较多，孩子每天晚上写作业都感到很烦躁，说自己不想写了，想玩单机小游戏放松一下。母亲感觉孩子最近压力有点大，却不知如何帮助孩子。

家长心声

期末阶段面对孩子的学习问题，我非常焦虑。当听到孩子说“不想写作业了”“想玩会儿游戏”之类的话，我就感觉很容易上火：都要期末考试了，还不想写作业？有时候忍不住批评、责骂孩子，觉得孩子是因为看手机、玩游戏等产生了厌学情绪。我担忧孩子的情况，想帮助孩子缓解压力，但是一谈起写作业，亲子关系就变得紧张。

孩子心声

进入初中后，我觉得学习难度变大了，作业量变多了。面对一些难题我感觉自己很无助，心情烦躁。我也想努力，让自己更优秀一些。作为语文课代表，语文成绩总要突出一些，但是最近几次练习都完成得不太好，我觉得自己很失败。我希望自己能够得到家长的理解，可是有时候却只是听到唠叨，就更难受了。“我不想写了”这样的话就脱口而出了。

问题解答

面对繁重的学科作业，加上语文学习受挫，孩子会产生烦躁的情绪是很正常的。孩子说“不想写了”其实是在表达自己的情绪，并非真的不想写作业了。如果家长说“那别写了”“不想学习就算了”之类的话，不但没有照顾到孩子的情绪，反而容易引发孩子逆反的情绪。家长可以这样处理：

第一步，化解负面情绪，先“情”后“事”。只有处理好了情绪问题，才能更好地完成“事”。面对学习这件“事”，孩子产生了烦躁的“情”，如果家长还只是关注学习本身，反而会在无形中加重孩子的负面情绪。此时家长首先要接纳孩子的情绪，听出孩子言语背后的想法。当孩子说“不想写了”，家长可以说：“你是不是觉得最近学习比较紧张，心情有点烦躁？妈妈可以帮你做些什么？”等孩子情绪稳定后再真诚地聊一聊。

第二步，对症下药，化解“不合理信念”。“课代表一定要成绩拔尖”这个想法是失之偏颇的，是孩子的不合理信念。家长要引导孩子看到自己的优点，课代表也许不是这门学科成绩最优秀的学生，但一定具备认真负责、愿意为同学服务等其他优秀品质，以此增强孩子的信心。“缓解压力就要玩单机游戏”是孩子的另一个不合理信念。因为语文练习完成不佳，孩子的心理压力较大，家长可以创造良好的氛围引导孩子采用亲子散步、运动等方式放松身心。

只要处理好了情绪问题，再加上家长的耐心陪伴，孩子就能够再次积极投入学习中去。

52 孩子压力大怎么办

问题描述

临近期末考试，孩子整个人变得紧张焦躁，爸爸妈妈只要稍微提到跟学习有关的话，孩子就很容易发脾气，而且出现了晚上睡不着的现象。孩子平时学习成绩还不错，但一到重要考试，总会发挥失常。

家长心声

听说到了中学，只有一半的人才可以上高中，学习成绩可重要了。中考成绩不好，连高中都没得上。我家孩子平时看上去学习很用功，但一到考试，就发挥失常，这可怎么办啊？

孩子心声

爸爸妈妈总在我耳边告诉我学习成绩的重要性，说如果成绩差，后面连高中都没有机会读，人生就完蛋了。我每次都很努力想考出好成绩来让爸爸妈妈安心，但是一到考试我就会很紧张，结果原先会的题目都会忘记怎么做。我很担心这次考试又会遇到这样的情况，我很苦恼。

问题解答

每个孩子都希望自己能够成为家长的骄傲。家长也都期待自己的孩子变得更优秀，却又不相信自己的孩子有能力做到，因而充满各种担心和焦虑。这种感觉被孩子捕捉到了，孩子也会丧失对自己的信心，给自己造成很大的精神压力。那么如何给孩子减压呢？

首先，家长需要先让自己的内心安定下来。天生我材必有用，成才的路不止一条。家长先处理好自己内心深处的担忧，放下对孩子过高的不切实际的期望，才能给孩子提供温暖和无条件的接纳。当家长内心安定的时候，就容易看到孩子独有的特质，相信孩子，允许孩子走出属于自己的人生之路。家长越是安定，就越是能够成为孩子的港湾，孩子越容易感受到心灵上的支持。

其次，认真倾听孩子的心声。如果家长想要给孩子减压，先要学会倾听他们的心声。在孩子为学习考试寝食难安的时候，如果家长能够感受到孩子的情绪，与孩子共情，并且能够读懂孩子这些情绪背后真正的心理需求和孩子对自己美好人生的追求，就能理解孩子的内心并给予孩子肯定和鼓励，同时表达自己对孩子的爱，这会给予孩子很大的精神力量。

再次，和孩子一起制订计划。孩子的学习成绩是他们压力的一个重要来源，所以家长可以和孩子一起制订一个可行的考前学习计划，这个学习计划可以让他们把注意力放在自己可以控制的事情上，减少不必要的担忧。如果孩子严格执行学习计划之后成绩并没有明显的提升，家长也要多肯定孩子在完成计划的过程中的付出，少关注最后的考试结果，以帮助孩子缓解心理压力。

如果孩子一直在压力特别大的环境下成长，不但没有办法发挥出自己真实的水平，而且很容易出现各种心理问题。家长要先从调整自己的认知和心态开始，注意改变自身的完美主义教育理念，并给予孩子足够的情感支持，让孩子放下不必要的担忧，保持最佳状态，从而在考试中发挥出应有的水平。

53 孩子抑郁了怎么办

问题描述

清晨，6点刚过手机就响了。一般情况下，这时候很少有电话的，一看是位熟人打来的。她用急切的略带点沙哑的声音说："老师，今天有空吗？想见见您。"细问之下才知她整晚未眠，原因是读五年级的女儿有抑郁的症状，睡眠不好，还有不想活的念头，甚至还出现过轻生行为。

家长心声

其实我对孩子的心理问题并不了解，有的时候想孩子小，不会有心理问题。我一直以为心理问题的危害并不大，没必要大惊小怪，所以当我的孩子表现出郁郁寡欢、茶饭不思等症状时，我和她爸爸都没有引起足够的重视，她爸爸还认为孩子是矫情，想逃避课业。直至我听孩子说有轻生的念头时，才感觉到事态的严重，心里慌了神，不知怎么办。

孩子心声

不知从什么时候开始，我感觉自己很不重要、很失败。爸妈根本不关心我，只对弟弟好；老师也是很看面子，就只关心那几个成绩好的同学；同学也排斥我，不理睬我。其实，我自己已经相当努力了，但还是达不到父母的要求和老师的期望。我总觉得自己没有什么价值，很长时间情绪低落，对生活感到痛苦失望，真不知道希望在哪里。

问题解答

案例中的孩子情绪低落，茶饭不思，不易入睡，容易早醒，注意力难以集中，思维迟缓，有时还会有轻生的念头和行为。如果这些症状出现时间比较长，已影响到正常的学习和生活，很可能是患抑郁症了。

孩子如患抑郁症，需要到医院就诊，服用药物，重度抑郁症患者最好能住院治疗。如果条件不允许，比如经济拮据、医院病房紧张，那也需要有人对抑郁症患者进行 24 小时看护，以免其发生意外。

除了让孩子按时服药之外，还要对其进行一定的心理疏导。这时候可以求助于心理咨询师。如果父母自己愿意去学习心理健康的相关知识，努力去读懂孩子的心理，理解孩子的处境，也完全可以自己辅导。

除了关心和开导以外，如果能带孩子到户外走走，坚持运动，孩子会康复得更快。这里的运动不是指一时一刻的，而是指能够长期进行的，比如跑步，轻度的抑郁可以用跑步改善。案例中的这名五年级女生，后来就是在其家人的帮助下，通过运动（跆拳道）得以恢复健康的。所以，坚持带孩子去做运动，暂时把功课放一放，持之以恒地运动下去，那么不出一个月，孩子的心情与感受跟没运动之前肯定会有天壤之别。

孩子抑郁了，家长不用太焦虑、太担心。症状严重的要及时送其就医，症状轻微的就带孩子多走走，多运动。抑郁也被称为“心灵的感冒”，是人生中的常见现象。只要治疗方法得当，是可以治愈的。

54 孩子考试时检查过多怎么办

问题描述

小陈同学聪明温顺，从小就是班中的“尖子生”，数学成绩尤为优异，几乎每次考试都在 97 分以上。但父母对他要求很严，即便他考了 98 分，仍不满意，总认为丢掉那 2 分太不应该了，呵斥他太粗心，并要求他做完试卷后，一定要仔细地逐字逐题地检查。倘若成绩达不到满分，必须将试卷抄 3 遍。结果，从四年级开始，他做试卷越来越慢，常常无法及时完成，五年级时数学成绩下降到 60 多分。家长很后悔，不知如何帮助孩子走出当下的状态。

家长心声

孩子的学习成绩是很重要的。为了取得好成绩，做题就必须十分认真，任何一点差错都是不允许的。尤其是会的题目，更不应该失分，否则太可惜了。如果出现一点点差错，将导致十分严重的后果，所谓“失之毫厘，谬以千里”。因此做题时需要仔细再仔细，做完后要检查再检查，而且要养成习惯，从小开始训练，严格要求自己。

孩子心声

考试时确实应该十分小心、认真仔细，否则很容易出错。那 2 分的题目我确实会的，分数丢掉实在太可惜了，以后一定要注意，多检查，这样的错误绝对不能再出现。可是，考试时间不够怎么办？如此反复检查有必要吗？有时明明觉得对的，没必要再检查了，却仍然不放心，还想再检查。读题时到底要不要一字一句呢？做完后到底要不要检查再检查呢？常常是想检查又觉得不能去检查，真是太纠结了。

问题解答

由于父母的过分要求和过高期望，小陈同学的心理压力很大。长时间地反复检查同一道题，身体上就容易出现头晕胸闷的现象，心理上也出现了一些强迫的症状，小陈感到很痛苦、很迷茫，也很无助。

解铃还须系铃人。如果家长改变自己的认知，放低要求，放松心态，小陈同学还是很容易从迷茫中走出来的。

首先，家长要改变自己的认知。去掉内心的某些不合理的信念，比如“必须”“绝对”“应该”“不能出任何差错”等。人无完人，过高的要求和过急的心态，是孩子压力的主要来源。严格要求固然没错，但过分要求就有错了。俗话说，过犹不及。

其次，家长要放低学习目标。孩子已经是 60 多分的水平了，那就要正视现实，接受当下。以后考试时，不再是简单地对孩子说做题要快一点，不要检查太多。如果家长能够重新确定具体目标，比如数学考 70 分就是进步，那将有利于缓解孩子的焦虑和压力。等以后症状缓解了，再逐步提高要求。

再次，家长要放松自己的心态。孩子的纠结与痛苦往往是从家长那儿继承来的。家长不焦虑不纠结，孩子才能彻底解放。比如孩子做错一道题，丢掉几分，家长如果不那么看重，更不苛求、训斥和惩罚孩子，孩子就能不紧张、不担心。从长远看，孩子的成长是一个不断出错、试错、改错的过程。在这方面家长要放缓脚步，容许出错，容许反复。顺其自然，孩子才能为所当为。

55 孩子一发脾气就难以控制自己怎么办

问题描述

一次家长会结束后，小Y母亲泪眼婆娑地倾诉："老师，我儿子六年级了，但总因为一点小事不顺心就大发雷霆，脑门上青筋突起，拳头攥得紧紧的，甚至连大人都敢打。小的时候我们打一下还能管一段时间，现在年龄大了，我们也不敢再打他了，但是批评、讲道理、定规矩……什么方法都试过了，完全不起作用。面对孩子这样的情况，我该怎么办？"

家长心声

孩子六年级了，小的时候发发脾气还可以说是不懂事，这么大了，别的孩子都温和谦逊、对人友善，只有我们家孩子还这样，可怎么办啊？我们也用了好些办法，好好跟孩子说，孩子似乎已经"免疫"；拎起棍棒，孩子会恐惧大叫，号哭一通，但转身就忘，依然"我行我素"。我真的是时时处于担心与焦虑之中，生怕他一个不顺心又发生什么意外事件……

孩子心声

爸爸妈妈说的道理，我都懂，我也知道应该要和同学们和睦相处。但是一遇到事，我就是控制不住自己，脑子里都是“他一定是故意的”“他就是要欺负我”这样的声音。再说了，爸爸妈妈有时候生气了也会打我，和我打同学又有什么分别呢？大不了就是再被他们打一次。

问题解答

冰冻三尺，非一日之寒。矫正孩子的暴躁行为，需要先情后理，优先引导孩子学会情绪管理，减少暴躁行为，从而促进其形成健康心理、健全人格。家长可尝试以下路径：

正向引导，舒缓情绪，掌握孩子的真实诉求。

接纳先于说教。当孩子出现暴躁行为时，教师或者家长不可急于说教，先让孩子冷静下来，卸下防备。可以先采取冷处理法，让孩子在独立空间里先冷静冷静，避免在愤怒时发生更大冲突。然后采用行为安抚法、舒缓音乐安抚法等引导孩子打开心门。

同理优于指责。孩子有时做出过激行为只是为了引起别人的重视，从而获得存在感，其内心是渴望得到认可的。需要先倾听孩子的想法，当孩子表达诉求后，用共情方式使孩子感受到尊重和接纳，打开自己的心扉。然后，逆向复盘，转移情绪，培养孩子的良好习惯。

自省强于劝导。当孩子发脾气时，可以让孩子看看自己发怒时的可怕表情、泛白的指关节，听听自己声嘶力竭的呐喊。也可以引导孩子写下每次发脾气时的内心想法。为转移孩子的情绪聚焦点，家长可以培养孩子一些健康的行为习惯，也可多带孩子出去走一走，每天规律运动，与孩子耐心沟通。

探讨胜过命令。孩子对命令式口吻比较抗拒，最后的结果就是表面应承而内心抗拒。与其获得表面上的遵从，不如尊重孩子的自主权，和孩子共同商量解决办法。可以建立奖惩机制，根据孩子的表现提高奖励频率，或减少乃至撤回所得奖励，从而引导孩子学会自我约束。

56 孩子自我否定怎么办

问题描述

曾遇到过这么一个孩子：在家，他觉得自己的家庭比别人家差，爸爸妈妈常会争吵，有时自己还会被爸爸打；在学校，他觉得自己的成绩比别人差，破罐子破摔；在集体中，他觉得自己的人际交往能力比别人差，索性跟同学随意发泄情绪，暴力相向……老师跟他沟通，他总是说："我本来就是最差的！"这句话出自一个四年级孩子之口，他如此否定自我，让人既可气又心疼。

家长心声

爸爸坦言："打孩子也是无奈之举，实在是恨铁不成钢。"妈妈描述："想跟他好好沟通，但最后都以争吵甚至动手收尾；想鼓励他，让他能够树立信心，有所进步，但他好不了几天就变成原来的样子，甚至变本加厉，这孩子真磨大人耐心。"

孩子心声

我也想做个好孩子，可是爸爸妈妈就是看不到我的好，只会指出我的缺点，拿我跟别人比较。他们也看不到我的努力，还说如果我考到班级前十名就给我买山地车，但我根本达不到这个目标。反正努力也没用，我还是算了吧。

问题解答

家长要相信孩子天生有一颗上进的心，他们不自信，跟过往经历和周围的评价有很大关系。面对不自信的孩子，我们不能一味满足、安慰，而是要激发他们的内驱力。

第一，合理期待，搭建支架。故事中的孩子提到一句：家长承诺他考到班级前十名就给他买山地车，但他根本不可能达到这个目标。不合理的期待，对孩子来讲就是极大的负担，孩子尝试了做不到，容易引发他们的习得性无助。所以，在提要求时，要立足孩子的基础，设立他踮踮脚能够得着的目标。在完成的过程中，家长还可以适当搭建“支架”，拆解任务，提供帮助。家长要抱持孩子终身成长的理念，不急不躁，当孩子完成了一个个小任务，成功的效能感不断积累，可以激发孩子前进的动力。

第二，正向构建，寻找优势。我们的纠错文化让老师和家长习惯于指出孩子的不足并要求其改正，但无情的批评常常使得孩子们出于自卫而固执己见，哪怕错了也不愿意改。所以我们可以换个方式，多对孩子做正向构建。面对成绩不理想的孩子，在他偶尔一次取得好成绩时，我们可以问问他：“你这次考这么好，是怎么做到的呀？”面对不善人际交往的孩子，在他偶尔一次团结同学时，我们可以问问他：

“你这次是怎么做到的呀？”我们不纠错，重点关注孩子表现好的时候，不断启发他去寻找自己身上的资源。对于青少年而言，从问题中获得控制感是一种建立自尊和发生改变的方法。

第三，积极关注，真诚肯定。我们都知道肯定的力量，但一句敷衍的“你真棒”，意义不大。当孩子拿着绘画作品跟你分享时，与其说“画得真好”，不妨多看几眼，指出哪些地方画得真好；当孩子拿着单元成绩向你汇报时，与其说“有进步”，不妨多多留意孩子的试卷，具体说说进步在什么地方，是书写有进步，还是正确率提高了。孩子从家长的这些话语中感受到的是被看见，他会觉得自己更有价值感，有价值感的孩子才会更自信。

第四，不做比较，做好自己。大人习惯了比较，让孩子在成长过程中多了一个假想敌，就是“别人家的孩子”。我们还喜欢用别人的优势来对比自家孩子的劣势，本来是想激励他，但也可能会激怒他。作为家长，要做的就是接纳孩子的不完美，接纳他的平庸甚至是后进，接纳孩子原本的样子。只有被父母接纳的孩子，才能打心底里认可自己。

57 孩子在学校乖巧，在家却乱发脾气怎么办

问题描述

下班前，一位七年级班主任着急地敲响了心理辅导室的门，带着家长来求助。家长描述："孩子回到家经常发脾气，拍桌子，跟妈妈讲脏话，跟爸爸动手。妈妈一打电话，他就怀疑是不是在向老师告状；妈妈一出门，就怀疑是不是去找老师了。刚才妈妈到门口打电话，孩子还把家门反锁了……"一旁的班主任难以置信，这孩子在学校一直是个好学生，成绩优秀，团结同学，怎么在家跟在校如此判若两人呢？

家长心声

孩子这情况已经持续一段时间了，我感觉太丢脸就没敢跟老师说，现在真是没办法了。小学低段的时候他还比较乖，到了小学高段由于玩手机等问题开始跟家长闹别扭，到初中就变本加厉。我们已经尽量顺着他了，但孩子并不领情，现在实在是无计可施了。

孩子心声

小的时候把我扔在外婆家，回到家你们又管自己忙工作，再后来有了弟弟，就更加不关心我了。我现在长大了，又处处想管着我，我就是要脱离你们的管教，我要证明给你们看我自己能行。

问题解答

随着孩了慢慢长大，尤其是逐步进入青春期，他们在生理和心理上会发生很大的变化。但家长往往来不及调整自己的角色，尤其是案例中的家长，他们没有从小就跟孩子建立好联结，在看到孩子偏离自己的预期时用高压来管制，眼看孩子反抗强烈管不住了又事事顺着他，这样的管教方式一定会南辕北辙。那么，我们可以做哪些努力呢？

首先是搭建桥梁。在育儿过程中遇到的问题，往往要解决的不是一个行为，而是一段关系。案例中看似是玩手机问题、青春期问题，但实则是关系问题。孩子在学校乖巧，在家暴躁，可能是因为家长的角色没有摆正。家里不是公司，没有层级，也没有KPI（key performance indicator，关键绩效指标考核）。家长要做好陪伴与倾听，为孩子创造一个被理解和被接纳的港湾，孩子内心安定了，自然不会像只刺猬一样竖起尖刺保护自己。

其次是走进内心。青春期的孩子，的确有很多无法理解的行为等待我们去解读。比如：进入青春期后，体内荷尔蒙的变化会导致他们情绪易变、喜怒无常；自我意识的觉醒，会使他们跟曾经的“权威”

发生对抗；性意识开始萌发，会使他们对异性产生极大的好奇；生理发展迅速走向成熟，而心理的发展却相对滞后，发育的不平衡，让青春期的孩子看起来像个矛盾的综合体。这些都会给孩子增加压力。孩子在学校乖巧，在家暴躁，可能是因为他们在校把一部分压力抑制住了，回到家集中爆发。解决这些问题都需要家长站在孩子的角度来看待事情，正所谓“因为理解，所以宽容”。

最后是照顾自己。现如今的家长，可能是最难当的一代家长：社会的巨变让育儿没有了参照；自己在职场要应对工作的压力，回家还要跟家里的“小炸弹”斗智斗勇。千万不要因此乱了阵脚，家长可以时不时地奖励自己，比如看场电影，给自己买个喜欢的东西，夫妻间互相扶持，把自己调整到最好的状态，陪伴家里的小朋友顺利成长。

58 面对孩子考前焦虑，家长如何开导

问题描述

一名性格内向的九年级女生，平时学习认真，在中考前 20 多天，脾气却变得焦躁，而且多次因为胃不舒服不去上学（经医院检查已排除胃病）。她还经常睡不安稳，容易走神，有时候会出一阵冷汗。昨天在家里，这个同学把书桌上的书本和试卷通通砸到地上，哭得很伤心，不愿意跟家长沟通，还把自己关在房里。

家长心声

孩子临近重大考试，情绪很糟糕，我也很焦虑。她努力学到现在，我也知道很不容易，但大家不都是这样过来的吗？还有不到一个月就中考了，这时候放弃实在太可惜了，我当然希望她可以咬紧牙关再坚持一下，努力考所好学校，毕竟中考很重要，会影响孩子的未来。可是，她这几天学习状态不佳，我也不知道该怎么办，最后就忍不住催促了。

孩子心声

我觉得中考是人生中的一个重要的关口，特别担心考不上高中。如果我没有考好，就太对不起父母了。妈妈总是在唠叨、讲道理，这让我很烦，她好像比我更焦虑。在学校也是这样，我已经很累了，还会被老师数落，心里就很不舒服，有时又会觉得很羞愧。我想要做自己，希望能过轻松快乐的生活，而不是成为学习的机器。

问题解答

如果孩子在考前出现紧张、焦虑、脾气大、学习没效率甚至躯体反应等状况，家长一定要给予支持而不是传递焦虑。

首先，家长要理解孩子有哪些压力，这样才能真正帮到孩子。一般来说，孩子的压力来自两方面，一是心理上的，怕自己考得不好，达不到父母的期望；二是身体上的，长时间的紧张作息，超强度的听课、做题，睡眠不够，孩子的身体自然感觉不舒服、累、困倦。因此，家长要按照孩子的实际情况设定期望值，多关心他的身体健康，保证睡眠，劳逸结合，同时包容他的负面情绪。

其次，家长要会过自己的生活。读书考试本就是孩子自己的事情，家长越是催促、批评，往往孩子越反感。很多时候家长越焦虑，就越会传递一种信号——孩子不够好。所以家长要保持自己的生活，学会微笑，当你显得从容不迫，孩子就能从你身上汲取到力量，也会对考试保持一份平常心。

最后，多听听孩子的需要，把握一个“度”。家长既要避免过度关注学习，又要避免完全不关注，让孩子觉得你不关心，所以问问孩子，他们希望中考前最后两周在怎样的环境中度过，给孩子想要的，不要给孩子你想给的。多倾听，允许孩子有自己的情绪，哪怕发点脾气。有时候孩子只是需要一点空间，需要一次释放，需要一个人倾听就好。同时，家长要照顾好孩子的饮食，荤素搭配，营养均衡。

行为习惯篇

TIPS:59～84

一个人良好行为习惯的养成，要从小抓起。良好的习惯在孩子的学习和生活中具有举足轻重的作用。从小培养孩子的良好行为习惯，是每个家长的共同愿望，但养成一个好的行为习惯并不是一朝一夕的事，也不是一件轻而易举的事。

家长要抓住习惯养成的关键期（也称敏感期，是指人在发育的某一个时期，对特定的环境教育影响特别敏感，最容易获得某种行为技能）。如果在关键期缺乏相应的环境教育，神经细胞就会用进废退，逐渐退化以后就再也发展不起来了。在关键期中，儿童会对某些东西特别敏感，而对其他东西无动于衷。儿童阶段有多个发展的关键期，2 到 3 岁是学习口语的关键期，3 到 4 岁是情绪发展的关键期，自控能力在 5 到 6 岁开始出现，学外语的关键期在 5 到 6 岁，记忆力发展的关键期在 6 到 12 岁（特别是 12 岁），6 到 8 岁是学习习惯养成的关键期。而 6 到 8 岁也是儿童上学的一、二年级阶段，好习惯和坏习惯大多是在这个时候形成并固定下来，所以家长要特别重视这个阶段孩子行为习惯的养成。

有的家长会问："我的孩子五、六年级了，甚至初中了，还能纠正坏习惯吗？"一般来说，纠正坏习惯，任何时候都不算晚。但比起一年级开始就引导他们养成好习惯，难度肯定大得多。所以家长切记，从某种意义上可以讲，在小学低年级时让孩子养成好习惯比考出好分数更重要。好的习惯的养成需要家长每天坚持。因为习惯是神经系统连接的一种变化，是一种不需要意志努力就会自动完成的动作，经过不断的重复就可以形成，形成以后一般不再受意志的支配，驱动力很强大。依据这个道理，培养孩子良好行为习惯的方法，就是将正确的行为重复再重复，每天如此坚持，直到形成自然而然的习惯性行为。

59 孩子染上说脏话的毛病该如何纠正

问题描述

妈妈发现，刚上小学两个多月的小雷嘴里时不时会冒出一两句脏话来。一开始妈妈很震惊，家里没人说过脏话，不知小雷是从哪里学来的。后来在接小雷放学回家的路上，注意到同班孩子中就有几个小男孩在一块打打闹闹，嘴里还不时冒几句脏话。于是，当晚妈妈就严令禁止小雷再跟那些同学一起玩了。但是小雷说脏话的情况并没有就此消失。小雷的妈妈越不让他说脏话，他越说得起劲，即使被爸爸教训一顿也无济于事。这可把妈妈愁坏了。

家长心声

说脏话是一种极不文明的行为，轻者伤和气，重者会引起他人的怨恨和报复。我们家里从来都没有人说过脏话，孩子肯定是跟班级里的坏孩子学来的，那我的孩子不就跟那些坏孩子一样了吗？今后满嘴脏话，还有谁愿意与他交朋友？

孩子心声

有一次我表弟来家里玩，他长得白白胖胖很可爱，我就想起班里其他同学叫胖胖的人“肥猪”，于是我也直呼他“肥猪！”没想到妈妈听到了不仅把我骂了一顿，更动手打了我，还让我不要跟班里的同学玩了。我感到十分委屈，明明其他同学在学校也是这么叫的，我只是觉得这么称呼表弟很可爱、很好玩，没有其他的意思。

问题解答

孩子在学龄阶段，模仿能力和好奇心都比较强，听到别人说了句脏话时，哪怕并不太明白这句话的意思，只是这句话能引起别人强烈的反应，例如哄堂大笑，便觉得这句话有着神奇的“魔力”。于是，孩子为了想引起别人的注意，学着说起了脏话。孩子为什么喜欢说脏话，归根到底，是因为受了不良环境的影响和为了引起别人的注意。从发展心理学的角度看，一、二年级孩子爱说脏话有其年龄特点，有些孩子并不知道所说的是脏话，他们可能觉得好玩，需要家长及时引导改正。家长要重视引导，但不必过于焦虑或严厉训斥打骂。只需从以下三点出发，便可逐步纠正孩子的坏习惯了。

首先是要进行环境隔离。父母在家要注意文明用语，友善待人，给孩子提供一个良好的语言环境。多关注孩子身边的同学，是否有存在使用不良语言的情况，一旦发现应立即制止，进行批评教育，并且时刻关注孩子是否还存在说脏话的现象。这样做切断了脏话的传播渠道，孩子便能离脏话越来越远。

其次要语气严厉而坚定。在制止孩子说脏话的时候，父母也要注意自己的语气，过度反应和毫无反应都不合适。在提出制止时，要让孩子明确知道这句话代表什么含义，会给听者带来什么样的感受，等等。同时，语气一定要严厉而坚定，例如：“请你不要再说这样的话了，妈妈听到了为你感到羞愧。”“我不希望再听到你说这样的话，下不为例！”既让孩子明白父母的态度，也能让孩子感受到，即使父母不满和愤怒，也用了文明的语言来表达。这样父母就能为孩子树立榜样作用，助力孩子健康成长。

最后是可以采用适当忽略法。如果以上两种方法都不太奏效，那就要考虑父母是否对孩子说脏话的行为“过度关注”了。有时候，父母对孩子说脏话的过度反应也会让孩子觉得这样很有趣，就会更想引起父母的关注，说得更起劲。因此，有时候可以选择适度忽略，这样能够避免强化孩子的这一行为。

60 孩子喜欢偷拿别人的东西怎么办

问题描述

小义的老师向小义妈妈反映了一个非常严重的问题：今天美术课后小义偷偷拿了同桌小灵的油画棒，当老师问起的时候她还不肯承认，最后还是调取了监控，小义才不得不承认。小义妈妈听罢，当面批评教育了小义，让她把油画棒还给同桌。本以为小义会知错就改，没想到过了几天，老师反映她又开始偷拿别人的东西，这次是偷拿后桌小琴的密码本（一种带锁的创意日记本）。妈妈十分生气，也不知道怎么办才好。

家长心声

我的孩子到底怎么了？小小年纪怎么就养成了这么不好的习惯？家里人可从来没有过偷窃别人东西的行为呀！每次只要她说要买什么，如果是学习上的东西我们从来没有二话，如果是生活方面玩具之类的我们也都基本满足她。她为什么还要去偷拿别人的东西呢？而且这事发生在学校里面，也会产生不好的影响，今后老师、同学都会对她产生不好的印象。

孩子心声

我的爸爸妈妈对我很严格，无论是学习还是生活。特别是当我很想要某样东西的时候，我都不敢告诉他们，怕他们拒绝。好不容易鼓足勇气告诉他们，他们总会说等我表现好了再给我买。最近学校里流行密码本，我的后座小琴就有好几本，我特别羡慕，于是趁她不注意偷偷拿来看看，过个眼瘾。没想到小琴告诉了老师，于是我又被妈妈骂了。我也很苦恼，为什么会变成现在这个样子？

问题解答

在 12 岁之前，孩子的伦理道德观念尚未完全建立，他们对于财物所有权的理解还是很模糊的，他们会因为强烈的占有欲拿走本不属于自己的物品。但是，随着孩子道德意识的发展和社会化程度的提高，这种行为如果经常而持久地发生，或者有意用这种行为达到某种不良的目的，就应考虑是问题行为了。因此，孩子偷拿东西这一行为一定要具体问题具体分析，还要注意教育方式对其心理的影响，切莫造成恶性循环，无意识地强化了孩子的这种不良习惯。

首先，培养所有权意识。例如，可以和孩子一起，将家中的物品进行“所有权”确认，公布哪个物品是属于谁的，定一个家庭规则：未经“所有权者”许可，任何人不得使用或拿走他人的物品；父母要做好榜样示范，在给孩子洗衣服、收拾玩具之前，先征求物品“所有权者”——孩子的同意。

其次，采用情景想象法。比如让孩子想象一下自己最心爱的橡皮被别人拿走了，自己会有怎样的心情和想法。如果自己拿走的也正是别人最心爱的呢？通过设身处地的想象，让孩子明白别人丢了心爱的东西会和自己一样难过，拿别人的东西会给别人带来烦恼和痛苦。心理学研究证明，采用这种情境想象的方法，可让行为者产生同理心，比惩罚更有效。

最后，认错并主动归还。当孩子认识到错误后，家长千万不可因顾及自己的面子对孩子说句“到此为止，下不为例”的话就算了，一定要带着孩子把东西还回去。最好能让孩子手写一封道歉信或者准备些小礼物作为补偿，为的是让孩子学会“为自己的错误买单”。

61 孩子犯了错却不肯承认怎么办

问题描述

周六，妈妈带琪琪去张阿姨家玩，张阿姨家的孩子明明跟琪琪一样读小学三年级。两人玩着玩着，因为抢玩具打起来了，情急之下琪琪咬了明明一口，红红的一排牙印很是明显。可是，琪琪竟然矢口否认，说不是他咬的。这么明显的证据下还不认错，琪琪的妈妈非常生气。这已经不是琪琪第一次犯了错却不肯承认了，得好好治治他才行。其实很多孩子犯了错误总是拒不认账，甚至用撒谎来敷衍父母，这种表现让父母很是头疼。

家长心声

其实，孩子犯错误总是难免的，重要的是孩子犯了错误后，勇于承认并且改正，可是为什么我的孩子总是在证据确凿的情况下，还不肯承认呢？这样发展下去，今后还有何诚信可言？踏入社会之后，无论是工作上还是生活上，不守信的人总是会被别人唾弃的。关键是我们怎么说他也不听，打也打了、骂也骂了，效果微乎其微。

孩子心声

我的爸爸妈妈总是在别人面前对我进行批评教育，有时候还会出手打我，让我很没面子。上周我们去明明家里玩，是明明先抢我的玩具，还推了我，重重地用拳头砸我，我才咬了他的手臂。可是我的妈妈就知道批评我，不听我的解释，就说是我不对，我一肚子委屈，再也不想跟明明玩了，哼！

问题解答

很多父母对孩子过于苛求完美，要求孩子守规矩，不允许他们犯错。一旦犯错，父母就会特别急躁，不是对孩子加以指责，就是责骂惩罚、全盘否定，不给孩子解释的机会。因此，孩子才不愿承认自己的错误，多数孩子会用撒谎的方式，或是拒绝跟大人沟通的方式，意图隐瞒自己的过失。

首先，家长要明白孩子犯错却不肯承认背后的心理原因。站在孩子的角度，设身处地地想一想：孩子为什么不愿认错？是想逃避惩罚，还是想保护自己的自尊心？是不是我们平时对他的教育过于严格了？因此，父母平时应该注重和孩子沟通，如果父母能够成为孩子的情感归宿，那么孩子遇事自然就愿意向父母倾诉了。

其次，家长不要重复批评，要保持教育的一致性。总是重复地批评教育容易伤害孩子的自尊心，“再这样，下次不带你××了，不给你××了……”这类警示和威胁的话要少说或不说，尤其是面对敏感的孩子更应该多关注其心理变化。父母双方的教育要保持一致，不能时紧时松、“一个唱白脸一个唱红脸”，这样会让孩子犯错之后，感到无所适从或有机可乘。

最后，转变教育方式，营造“允许孩子做错事、讲真话”的家庭氛围。父母若是犯了错，也要在孩子面前勇于承认，给孩子树立榜样。宽容的家庭氛围会让孩子明白：“人人都会犯错，只要勇于承认错误，还是好孩子，爸妈不会减少对我的爱或者惩罚我。”父母也要在孩子认错之后立刻表扬孩子，正面强化孩子勇于认错的行为。

62 如何正确指导孩子保护视力

问题描述

一次三年级的家长会上，班主任老师对班内孩子视力检查情况做了逐一反馈，并强调今后视力将会列入评选校“五好学生”的考核要求中。这引起了一些视力下降厉害的小朋友的家长的焦虑。现阶段关于如何正确指导孩子保护视力，家长既有知识上、沟通上的困惑，也有对孩子健康成长的担忧。

家长心声

面对孩子的视力问题，作为家长的我们只能采取一些强制性手段，如果不采取强制性手段，孩子总是不能自觉保护眼睛。但是强制性手段又让我们的家庭关系变得很紧张，孩子很反感我说的话，也开始跟我们产生许多隔阂。现在又碰上视力情况会被列入校“五好学生”考核要求之中，我们作为家长很是焦虑啊，又不知道如何说才能让孩子接受。

孩子心声

我很不理解父母、老师强调的保护视力的重要性，真的有那么严重吗？我们班也有人戴眼镜，他们不是也生活得好好的吗？成绩还不错呢！爸妈一直说玩平板电脑会把眼睛弄坏，可是我们班的许多同学一回家也都玩呀，他们有的视力还很好呢！我爸爸妈妈只会一味地说教并强制不让我看电视、玩电子产品，可是看书却不管，难道长时间看书、写作业就不会把眼睛搞坏吗？

问题解答

关于近视形成的原因，目前还不完全清楚，大多数学者认为近视与多种因素有关，包括遗传因素、环境因素、不良用眼习惯等。目前大部分家长多采用语言上的威胁、方法上的强制，避免孩子接触电子产品；也有的花钱买辅助工具，例如视力支架、眼部按摩仪等帮助改善视力；还有的采用传统的方法，例如多运动和休息，做眼保健操；等等。

不过以上这些方法或许是短时间的防控，而不是孩子自己真正意识到要保护好眼睛，不能帮助孩子长期养成护眼的习惯。关于指导孩子自觉保护视力，建议如下：

第一，让孩子尝试戴一天或一周的眼镜，建议是一副平光眼镜。我们可以这样说："体会了戴一天（一周）眼镜的感受，是不是还是你想的那样很酷很好玩呢？"让孩子亲身体会喝热水时，眼镜会起雾；

下雨天，眼镜会淋湿；运动打球时，眼镜会掉落……让孩子写一写一天或一周的感受日记，还可以向好朋友介绍自己的感受，甚至发表自己的体会日记。

第二，上一节眼科知识体验课，了解眼睛构造。周末或假期时，带孩子去儿童保健医院眼科上一节知识体验课，或者和孩子一起观看有关眼睛构造的绘本和纪录片，从专业的角度直观认识眼球结构——通过动手拆解眼球模型了解眼睛解剖结构，了解视觉形成的过程、近视形成的原因，从而真正科学地防控近视。

第三，戴上休息眼罩，发挥想象的力量。可以跟孩子一起设计一个休息眼罩，可以这样教孩子使用：戴上自己设计的休息小眼罩，就可以变成自己喜欢的漫画人物，从而拥有独特的魔力，可以想做什么就做什么。让孩子在平时课余时间或是晚上写作业的间隙，戴上眼罩，让眼睛休息，充分发挥自己的想象力，成为自己世界里的大英雄。

63 如何与孩子谈论死亡

问题描述

有一天，一名八年级的男生来到咨询室，没说几句就崩溃大哭，原来是他最好的朋友突发心脏病去世了。但是家人为了“保护”他而瞒着他，直到八年级所有的课程都结束才告诉他。听到消息后，他难以接受自己的朋友因病去世这事，心情极度低落，好几个晚上都睡不着，也影响了正常的生活和学习，最终他选择走进咨询室寻求帮助。

家长心声

对于生命力正旺盛的孩子来说，死亡是一件很遥远的事情。作为家长我会担心一旦将实情告诉孩子，会让孩子无法处理和消化过度悲伤的情绪，尤其死者还是孩子最好的朋友。而八年级又是学习的关键期，如果孩子被这件事过多干扰，肯定会影响其学业。因此我觉得暂时隐瞒也是为了孩子好，随着时间过去，孩子会明白我们的良苦用心。

孩子心声

面对好朋友的突然离世，我内心自然是非常难以接受的，本想着可以为他做点什么，而家长却因为想“保护”我而不告诉我消息，导致我连好朋友的告别仪式都没能参加。我得知这是家长的刻意隐瞒，便觉得更加悲伤和痛苦，甚至脑中闪过一个念头，觉得我所有的痛苦都是他们造成的。

问题解答

很明显，孩子在得知自己最好的朋友因病去世之后，所出现的反应和表现属于创伤后应激反应（是指个体经历、目睹或遭遇到一个或多个涉及自身或他人的实际死亡，所导致的个体延迟出现和持续存在的精神困扰）。程度严重的（创伤性事件发生后数天至 6 个月内反应强烈，且至少持续 1 个月）需要就医治疗。

在这个事件中，父母是最需要反思自己行为的主体。大人为什么不肯相信自己的孩子有处理好悲伤情绪的能力？打着“为孩子好”的旗号，实则是担心孩子的成绩下降。换句话说，在父母眼中，“好朋友去世”的重要性比不上“成绩优秀”。

因而，父母首先应该跟孩子敞开心扉谈一谈，把自己的顾虑、内疚、矛盾之情向孩子“坦白”。家长不要恐惧谈及死亡，否则孩子也会感受到对死亡的焦虑和恐惧。相反，坦然地面对和积极的生活态度，也会让孩子学会正确面对和处理死亡事件。平时可以借助一些热点事件，跟孩子聊聊死亡是怎么回事，与孩子保持一种有爱、平等的交流和沟通。

其次，跟孩子一起为朋友举行告别仪式。不必刻意回避谈论死者，一起回忆死者对生者的意义、死者生前趣事、死者的遗憾等。可以以日记、书信、纪念册等形式表达思念，让孩子把来不及说的话表达出来。也可以在朋友忌日带着孩子去扫墓，以便更好地告别过去，开始新生活。

再次，寻找教育契机，引导生命传承。可以通过故事、电影等教育资源，或自然灾害、不幸遭遇等社会事件，或清明、重阳等节日来对孩子进行正面的死亡教育，教会他思考生命存在的意义。从科学的角度了解生命的进程，让孩子认识到世间万物都有生命周期，死亡是一种正常的自然现象。引导孩子在日常生活中正确认识死亡，要鼓励孩子参与讨论，避免说教。

总之，死亡教育是生命教育的一部分，帮助孩子去了解生命的诞生、发育、死亡，这不仅仅能让孩子认识生命、珍惜生命，也会让孩子学会发现生命的美，并热爱自己和他人的生命。

64 孩子对家长大打出手怎么办

问题描述

小A是一名八年级男生，七年级时迷上了手机游戏，由于一直用妈妈的手机玩游戏，所以他的游戏时间总是被妈妈所控制。为了能有更多的游戏时间，他要求妈妈给他买一部手机，妈妈担心他沉迷于手游，一直没有答应他的要求。疫情期间，小A更加沉迷于游戏，经常把妈妈的手机占为己用，和妈妈发生多次冲突。冲突激烈时，小A甚至会动手打妈妈。

家长心声

孩子很喜欢玩游戏，严重影响了学习，成绩下滑很快。原来在年级里还能排到一百多名，现在为玩游戏连作业都不做了，在班级里还经常闹事，我被老师叫到学校谈了好几次话。不给孩子玩游戏，他就会大发脾气，甚至对我大打出手。

孩子心声

小的时候我一犯错误就被爸爸打，被妈妈骂，后来我长大了，发现自己有能力反抗了。他们再来打我的时候我就打他们，他们看我会还手了，竟然有些害怕，所以现在我和家长一言不合，我就会用拳头解决问题。

问题解答

这是一种新型的家庭暴力，“暴力孩子”形成的原因一般是家庭教育遗留的问题。如果孩子对家长施暴，首先要了解孩子有没有精神疾病，如果没有，根源大多是家长长期对孩子的放纵溺爱或“棍棒教育”。

在现实生活中我们经常会看到两三岁的孩子稍有不满就动手打父母，父母还舍不得批评孩子一句，孩子要啥有啥，慢慢地，孩子养成了“唯我独尊”的毛病，形成了自私、不懂得感恩的性格。再加上网络游戏、暴力图书等的影响，这些没有学会对自我负责的孩子，经常会选择用暴力的方式来达到自己的目的。面对这种情况，家长可以这么做：

首先，家长不能向使用暴力的孩子低头。当孩子想用打人的方式解决问题时，家长可以用平和而坚决的态度告诉他：“你的愤怒我可以理解，但你这样做是不对的，我不能接受你用武力解决问题的方式。”简洁的话语、坚决的态度可以让孩子冷静下来，倘若孩子还想用武力，你可以想办法抓住他的手并且告诉他：“你安静下来我就放手。”父母坚决不能向使用武力的孩子低头，特别是孩子第一次使用武力的时候，家长一定要做到这点。

其次，建议孩子使用其他方法宣泄情绪。当孩子想打人时，建议他们用打枕头、在无人的房间里大声喊叫、去户外跑步或者开展其他体育运动的方式宣泄冲动。也可以引导孩子通过倾诉、写日记、唱歌等方式将自己的喜怒哀乐表达出来，缓解压力，让心情慢慢平静下来。

再次，及时沟通，教孩子学会正确处理问题的方法。有的孩子想表达反对的想法，又不会用语言表达，就会用“打”的方式表达。所以家长要引导孩子学会用正确的方式表达，如：“我不同意妈妈这样做，我很不高兴，因为……”

最后，家长要以身作则，给孩子树立榜样。父母是孩子的第一任老师，孩子出现打人的行为，家长首先要反省自己：自己平时是否也喜欢用武力来发泄情绪或表达不满？孩子是家长的镜子，孩子的行为反射出了家长的问题，所以家长一定要注意自己的一言一行，不要让自己的言行成为孩子的反面教材。

我们要学会“和善而坚定”的教育方式，在平和、平等、尊重的前提下，引导孩子成为拥有正确世界观、人生观、价值观的仁爱之人。

65 孩子沉迷于网络小说怎么办

问题描述

小D是班里性格内向的男生，虽然没有亮眼的成绩，但也能完成老师布置的任务。然而，上六年级后他开始上课走神，家庭作业的完成质量也越来越低下，成绩一路下滑。某天晚上十点多，他的家长在微信上焦急地问老师："老师，我发现孩子晚上不睡觉，打个手电在被窝里看网络小说，已经如痴如醉地看了好几部了。该怎么办？"

家长心声

在我看来，网络小说就是"精神鸦片"，就是"洪水猛兽"。有的没有一个明确的主题，有的写成了流水账，有的缺乏思想。还有一些网络小说很黄很暴力，孩子看了容易学坏，影响学习。我很希望孩子爱上阅读，一味地打压孩子又害怕扼杀他阅读的积极性，内心很矛盾，不知如何引导。

孩子心声

我家条件还不错，一些物质上的需求家里都能满足我，但我觉得自己的精神挺空虚的，所以有时就会在手机或电脑上看看网络小说，它能排解我的烦恼，打发无聊的时间。家长总觉得网络小说没有营养，其实有些作品写得挺好的，因为我有时看得太入迷了，把握不好时间，所以惹得家长很恼火。

问题解答

当前学习的竞争压力越来越大，在严重内卷的环境下，父母都焦虑万分，他们恨不得孩子每分钟都在学习，多看有关学习的图书，少看闲书、杂书，特别反感孩子看网络小说。孩子对新生事物接受能力较快，网络小说作为一项流行事物更是广受孩子喜欢。针对这一行为，家长们可以这么做：

首先，家长宜“疏”不宜“堵”。如果家长一味地去“堵”，千方百计不让孩子看网络小说，反而容易导致孩子产生逆反心理，越“堵”越糟糕。并非所有的网络小说都是不好的，家长应引导孩子学会识别小说的优劣，提高孩子的文学鉴赏力。

其次，建议家长多给孩子提供健康多元的纸质图书供其选择。有些网络小说也会印刷成纸质书，可以和孩子说纸质书看起来更有感觉，更有利于保护视力。待孩子接受了纸质书后，再拓宽孩子选择图书的范围，慢慢地将孩子的阅读兴趣转移到纸质书上。

最后，给孩子一个宽松的家庭环境。让孩子在家里能感到很放松，不用时刻防备家长的监视，即使孩子在你面前看网络小说，也不要去责骂。家长可以和孩子一起看网络小说，研究是什么抓住了孩子的眼球，并和孩子探讨网络小说的产生和发展，它在生活中的正、负面作用，让孩子自己认识到目前网络小说可能会给他们带来的负面影响，主动放弃或少看网络小说。

66 孩子“屏蔽”家长批评怎么办

问题描述

一天，家长在钉钉里给老师留言：“快期末考试了，孩子嘴上说很紧张，可是一整天也没动过笔、翻过书。我恨铁不成钢，板着脸唠叨他，孩子完全听不进我的话。就这样冷战了一天。夜晚我有些后悔。可是，我实在不知道该怎么教育他。”

家长心声

孩子越来越不听话，在学习、生活习惯等方面都做得不好，自觉性也不够，我说了几遍孩子也不听，不知不觉就唠叨起来了。我反反复复提醒、催促，孩子还是没有按我的意愿行动。我越来越恼火，忍不住朝孩子“咆哮”。如果孩子回嘴，我的火气就更大了，忍不住唠叨责骂，直到孩子不回话。一场无声的对抗就开始了。

孩子心声

我觉得自己已经做得不错了，但是家长硬是要求我什么事都按照他们的想法去做，心里很难受。家长唠唠叨叨，我更厌烦了，忍不住顶几句嘴。家长提高音量，我就什么也不做，默默地进行对抗。其实我也不喜欢这种感觉，但是可以消除家长的唠叨声。

问题解答

孩子到了10岁左右一般自我意识开始被强烈唤醒，他们对事物有了一定看法，并且会坚持认为自己是对的。他们内心非常需要父母的尊重和理解，需要父母把他们当作一个大孩子。如果孩子渴望得到尊重、理解的心理没有得到满足，就可能会与父母“作对”。由于孩子的生活经验不足，想法往往不全面甚至是错误的，家长该怎么引导呢？

首先，遵循规律，改变观念。10岁左右的孩子有了初步的自我意识，对学习、生活有了自己的想法和标准。家长以自己的标准来否定孩子时，孩子心中的委屈和愤怒让他们“屏蔽”了家长的唠叨。简单重复的唠叨不利于促进孩子成长，反而会影响亲子关系。如果家长自身能够做好榜样，终身学习、严于律己，孩子耳濡目染，自然就会提高对自己的要求。

其次，尊重孩子，合理建议。每个孩子都是独立的个体，都渴望得到家长的尊重。家长有意识地让孩子明白父母是来帮助自己的，而不是来控制自己的。家长要给孩子一些自主学习的时间和空间，发现孩子不足时在孩子能承受的范围内提出1～2条小建议，允许孩子慢慢修正，逐步放手让孩子自己去把控。

最后，换位思考，激发内驱力。亲子之间不妨换个角色，体会对方的感觉有助于相互理解。可以尝试让孩子做家长或小老师，从被监督者变为监督者，激发其学习的积极性和自豪感。当父母不知道怎么办的时候还可以问孩子："你觉得妈妈怎么做，你才会更好地复习呢？"孩子自己给的建议往往能够更好地帮助孩子。

67 孩子总不肯好好吃饭怎么办

问题描述

家里的孩子平时胃口不怎么好，吃得不多。常常需要大人连哄带骗，才肯吃下一碗饭。而且孩子很挑食，每次吃饭都挑三拣四，让大人很担心。

家长心声

家里人本身都不是太高，自从孩子出生后，就希望孩子能够得到充足的营养，可以提升一下家里人的平均身高值。平时特别注意孩子的饮食，希望孩子可以吃得多一点。但是事与愿违，父母和孩子经常因为吃饭的事搞得很不愉快。每次到了吃饭的时间，家里的气氛都很紧张。带着孩子去看过医生，也没有检查出啥问题。但是看着孩子又瘦又小，我们做爸爸妈妈的，既心疼又苦恼。

孩子心声

每次到了吃饭的时候，我就会很紧张。爸爸妈妈、爷爷奶奶总是会催我吃东西。没有人来问我爱不爱吃，有没有吃饱，都是不管三七二十一，硬逼着我吃各种他们认为有营养的食物。所以，只要一到吃饭的时间，我就没有胃口。

问题解答

首先，一个孩子的身高既受遗传因素的影响，也跟后天的养育方式有关。在养育的过程中，轻松愉快的家庭氛围，充足的营养和睡眠，足够的运动……都是影响孩子是否可以突破遗传基因的因素。越是在轻松愉快和包容接纳的家庭氛围中成长的孩子，睡眠充足，生长激素的分泌越发旺盛，孩子长高的可能性就越大。

其次，作为家长自然希望孩子有健康的体魄，但是，如果在吃饭这件事上过分关注而给孩子造成巨大的心理压力就得不偿失了。每个生命来到世界上的时候自带各种生存本领，吃是孩子的本能。如果爸爸妈妈能够认识到这一点，把吃饭的权利交给孩子，而不是由家长催着逼着进食，相信孩子会吃得更好。

再次，了解以上原则以后，父母需要放下一定要让孩子长得比自己更高的执念，调整好心态，顺其自然地养育，改变强迫孩子进食的习惯，充分相信孩子自己身体的感觉，尊重孩子的进食自主权。平时想办法让孩子有足够的时间去运动，多晒太阳。在孩子增加运动量以后，爸爸妈妈要多花心思将饭菜做得营养丰富、色香味俱全，经常改变花样，提升食物对孩子的吸引力。

最后，父母也可以适当带孩子去看一些靠谱的儿科医生，让医生根据孩子目前的体质，开些中药帮助孩子调理脾胃。父母学习一些小儿推拿的技法，平时给孩子做一些肢体上的抚触，帮助孩子学会放松身体。孩子的生命能量会因为身心舒展而更加充沛，吃饭、长高等自然就不会成为问题。

68 可以对孩子进行物质奖励和惩罚吗

问题描述

孩子上学以后，家长希望能够培养孩子良好的学习生活习惯，于是，根据孩子的表现制定了一系列的奖励和惩罚措施，发现有一定的效果，但是又担心这样做是否会有负面作用。

家长心声

我家孩子上学了，为了帮助孩子养成良好的学习习惯，我和孩子爸爸把一些需要孩子自己完成的任务制作在一张表格内，和孩子约定好，每天完成这些事，可以得到 1 朵小红花的奖励。等得到 5 朵小红花后，爸爸妈妈就会给她一份她自己想要的礼物作为奖品；如果做不好，则要扣除当天的小红花。但是之后我们读到一些儿童教育的图书，说用物质奖励或惩罚孩子会有负面作用。那这个奖励或惩罚机制可以使用吗？如可以使用，具体该怎么用呢？

孩子心声

学习很累，但是为了用 5 朵小红花换到一份我喜欢的礼物，我努力着。连续得到5朵小红花，爸爸妈妈就可以给我买心爱的娃娃。我很担心自己会犯错，因为这样我会被扣掉小红花，我又得更加努力好几天才能弥补回来。得到小红花，我很开心；扣除小红花，我很伤心。

问题解答

首先，“奖励和惩罚”是在动物生理行为实验性研究基础上发展起来的行为主义的理论。我们从动物的身上曾经看到过一定的效果。马戏表演的驯兽师们经常用这样的方式教会动物各种表演本领。行为主义的理论常常是在动物处在饥饿状态下推导出来的。在人类的养育过程中，我们越来越发现，如今物质生活丰富，孩子没有生存威胁，对用物质形成的外驱力的需求不那么强烈了。若父母长期使用这样的方式，会导致孩子无法发展出人类特有的自驱力。这一点特别需要父母警惕。

其次，在父母和孩子有足够的情感连接的基础上，针对10周岁前孩子的某些行为的调整，偶尔使用奖励法也是比较有效果的，但注意尽可能不要使用惩罚。调整行为的目标要聚焦单一，不要把多种要求混在一起；奖励的方式需要父母和孩子共同讨论确定，可以是孩子真心想要得到的某个东西或想要实现的某个心愿；在孩子获得奖励以后，父母要及时为孩子努力后获得成功而庆祝，讨论孩子获得奖励背后的原因，激发孩子自我价值感的提升以及对成功经验的梳理，而不是只进行物质奖励就完事。

最后，自我效能感、成长路上的榜样、梦想……都是自驱力形成的关键因素。每一个孩子天生都希望得到父母的肯定和鼓励。在成长的路上，父母需要花足够的时间陪伴孩子，不断看到孩子在学习过程中的付出，及时给予正面的反馈。平日父母笑盈盈的表情和发自内心的欣赏，提供的良好的行为示范和养育环境，对孩子寻找自己人生梦想的支持和帮助……这些精神上的肯定和支持，是真正帮助孩子走得更远的人生动力。

69 家有“多动儿”怎么办

问题描述

孩子看上去聪明伶俐，但是上了小学以后，父母经常接到老师的电话，说孩子上课无法专心听讲，随时插话，经常走神。做事丢三落四的，老师布置的作业基本上很快就会被忘到脑后，学习效率很低。更要命的是，孩子经常和班级里的其他伙伴发生冲突，甚至引发意外伤害。

家长心声

真不知道是怎么回事，小时候看到孩子特别活跃，不太听大人的指令，还以为是男孩比较淘气的缘故。到了学校后才发现孩子遇到了大麻烦，他的行为总是给老师和同学带来许多干扰，而且学习能力好像也有问题。到医院检查后，被医生诊断为“注意力缺陷”。

孩子心声

我也不知道在学校里有这么多无聊的事等着我。老师对我设定很多的规则，还有一些我看不懂的作业。同学们不知道为什么总会来惹我，我生气了就想打他们。结果老师经常找爸爸妈妈告状，爸爸妈妈就总是教训我，我也很苦恼。

问题解答

首先，注意缺陷多动障碍（ADHD），俗称多动症，是一种起病于儿童早期，以与年龄水平不相称的注意缺陷、行为多动和情绪冲动为主要表现的神经发育障碍。患儿时常会有不合时宜的举动，如在上课时随意离开座位、随意打断或干扰别人、无法排队或等待轮流；也可能会因为注意缺陷导致上课时注意力不集中，影响学习成绩；与同伴玩耍时不受控制地发脾气；等等。这样的行为会引来家长的责骂、老师的不理解、同学的不喜欢，孩子长期处于这样的环境中，有可能会引发情绪障碍、品行障碍等更严重的问题。实际上，这并不是孩子的错，孩子也不希望发生这样的情况，只是他根本控制不了。

其次，如果孩子遇到了这样的问题，家长要根据孩子的年龄进行相关的协助和训练。对学龄前孩子，如发现有注意力缺陷的问题，可以尽可能给予孩子更多的户外运动时间，让孩子多和大自然接触，同时坚持对其进行足够的感觉统合方面的训练。学龄后，根据孩子在学校里的适应情况采取不同的策略。如果孩子多动的症状严重影响了学习和生活，需要请儿童精神科医生给予一定的药物辅助治疗。药物治疗时一定要根据医生的嘱咐随时观察用药和孩子反应之间的关系，及时调整剂量。不可以擅自停药。在配合药物治疗的时候，依然需要家校联手，坚持正面鼓励训练孩子的行为，同时保证其有足够的运动量。

最后，抓住优势推动发展是帮助孩子的一个好思路。注意力缺陷的孩子往往精力充沛，善于突破创新，同时对自己感兴趣的事更容易集中注意力。父母和老师如果能够抓住这些关键点推动孩子发展，在有条件的情况下多提供一些个性化教育，让孩子拥有更多成功的体验，将有助于孩子获得克服缺陷的勇气和力量。

70 如何让孩子爱上阅读

问题描述

都说阅读是帮助孩子提升学习能力的重要手段，在当今电子产品流行的时代，越来越多的孩子爱上电子产品而对阅读失去兴趣，如何让孩子更好地爱上阅读呢？

家长心声

我的孩子快要上小学了，我很希望孩子能够养成爱读书的好习惯，但是当我买了一堆儿童书回家以后，发现除了当天买回家的时候他会因为觉得新鲜翻看一下，后面就再也不会去看了。在我的监督之下他还会看几次，一旦我不在身边，他又会跑去做别的事情了。怎么让我的孩子爱上阅读呢？

孩子心声

我认识的字不多。我不喜欢妈妈总是让我读的那些花花绿绿的书本。书本里的东西我又看不懂，而且一点也不好玩。我觉得积木比书好玩多了，平板电脑也比书本更好玩。爸爸妈妈平时都很忙，一回到家里，要么做家务，要么刷手机。不过，我很喜欢妈妈有空的时候给我讲书上的故事，但是妈妈总说她自己很忙，很少有空给我讲，我觉得妈妈讲的故事比平板电脑上的更好听。

问题解答

首先，保持固定的阅读时间。对于6岁以前的孩子来说，想要让他爱上读书，最简单的方法就是每天坚持一定的时间，为孩子大声阅读好书。美国著名的儿童指导者崔利斯写过一本关于指导儿童阅读的经典图书《朗读手册》，特别强调父母每天在睡前坚持给孩子读书，哪怕每天只有15分钟也会带来很多好处。当然，这个时间是相对固定的，不要轻易被看电视、玩玩具等替换。这是父母帮助孩子爱上阅读最简单有效的方法，只要长期坚持，就会收到很好的效果。

其次，坚持足够的亲子阅读。对于低幼年龄段的孩子而言，培养孩子爱上阅读的最好方式就是亲子阅读。所谓亲子阅读就是以书为媒介，以阅读为纽带，让孩子和父母有许多互相陪伴、分享感受的温情时光。许多孩子长大成人后，都会怀念小时候和父母依偎在一起时的温情时光以及父母独一无二的声音。这不仅关系到孩子阅读习惯的培养，更是在孩子幼小的心灵中播下一颗幸福温暖的种子，孩子会因为得到父母全身心的陪伴而爱上阅读。

最后，营造书香的家庭环境。一个良好的家庭环境和氛围有助于培养孩子良好的阅读习惯。父母如果是真正爱学习、爱读书的人，孩子自幼就能接触很多的书，养成良好的阅读及思索的习惯更不在话下。

为了让孩子爱上阅读，父母可以在家庭环境的布置上多动脑筋，根据孩子的年龄和阅读习惯，专门为孩子布置符合儿童心理特点的书架和阅读角，例如可以布置正面展示图书封面的儿童书架、让孩子感觉温馨舒适的阅读角，放置舒适放松的沙发，不设置容易吸引孩子注意力的电子设备。父母常常在孩子面前展现阅读的行为，潜移默化给孩子做榜样，还可以约定一些全家共有的阅读时刻，来点美食和音乐，让这个场景成为家庭中温馨的画面，孩子很容易在这样的环境中养成热爱阅读的习惯。

71 孩子玩游戏输不起怎么办

问题描述

孩子快要上小学了，平时在家和祖辈相处比较多。每次在家玩游戏，总是一定要赢。一旦输了，孩子就会大发脾气。

家长心声

就要上小学了，后面孩子会在学校里遇到更多的同学。我们很担心他在今后进入集体生活后耐挫力不够和人际关系处理不当。平时我们和他玩游戏，只要他稍微输一点，就会大发脾气，非要当胜利者不可。遇到这种情况，父母该怎么引导呢?

孩子心声

在家里玩游戏的时候我总是赢，爷爷奶奶会夸奖我，我喜欢被夸奖的感觉。只要我赢了就可以得到家里人的喜爱。我不喜欢输给别人，连爸爸妈妈也不行。

问题解答

首先，要认识到“孩子一定要赢不能输”是小朋友身上常见的一种现象。每个人心中都希望自己获得别人的欣赏和肯定，孩子自然也不例外。当孩子在成长的过程中，发现游戏赢了就可以获得父母长辈不断的欣赏和肯定，强化了孩子对游戏结果要“赢”的执着。这个现象的本质是孩子渴望得到家里人的积极关注。

其次，要提升孩子的耐挫力，不是说要在孩子面前说“输了也没有什么关系”“输了不准哭”等大道理，而是需要家里人都意识到，多关注孩子玩游戏或者做事过程中的好行为，比关注结果更重要。例如，可以多表扬：“看到你能够坚持这么长时间做这件事，爸爸妈妈好佩服你啊！”“看到你刚才这么专心的样子，真好！”游戏的结果若是孩子赢了，家里人可以保持平常心对待；游戏结果若是孩子输了，家里人在孩子有负面情绪的时候要多去共情孩子当下的感受，帮助孩子看到自己负面情绪背后真正的需求，然后一起商量怎么做来满足其内心的需求。在这样的引导下，孩子会慢慢知道应该如何正确对待输赢。

再次，对于快上小学这个年龄阶段的孩子来说，爸爸妈妈可以用角色扮演的方式，帮助孩子提升其耐挫力。我们可以先玩一个游戏，让孩子赢，父母扮演“输者”。然后父母扮演的“输者”输不起，模拟孩子平时输了后发脾气的表现，或是伤心，或是耍赖。接着引导孩子想办法安慰“输者”。父母扮演的“输者”可以用一些很自然的对话应答他的安慰。角色扮演游戏，既可以培养孩子的同理心，也可以启发孩子思考，帮助孩子丰富自己的情绪体验，提升自己的耐挫力。

最后，当看到孩子出现“输不起”的现象时，父母也需要自我反思：平时对孩子是否缺乏鼓励和陪伴，让孩子内心缺少安全感？内心深处是否对孩子有过高的期待，让孩子感觉到自己不被接纳？父母是否对自己还不够满意，无形中把对自己的不接纳投射到孩子身上去了？这些问题，会帮助父母更好地反思自己，从自身出发去改变与孩子的互动模式。

72 孩子对学校和家庭两头撒谎，这是为什么

问题描述

一位家长来咨询，她是一名小学老师，在学校担任班主任，在学生中很有威信，她的儿子在另一所学校上五年级，各方面表现一直都不错。但是最近孩子的班主任找她谈了话，她这才知道儿子两边撒谎，而且不止一次。儿子以前一直都很听话，为什么会变成这样？

家长心声

对于这样的情况，我怎么也想不通。我平时对自己要求很严格，工作上一直都是一把好手，对儿子的教育也从来没有放松过。猛然间发现儿子竟然有这么多次撒谎的行为，真不亚于晴天霹雳，让我对自己、对自己的教育水平都产生了怀疑。儿子这是突然变坏了吗？这究竟是为什么？从今往后，该怎么教育儿子呢？我陷入了深深的迷茫中。

孩子心声

其实，我也不想对老师、对家长撒谎，但关键是妈妈平时太凶，在家里向来说一不二，眼里绝对容不得沙子。有时我没按老师的要求

完成任务，要是不撒谎，老师这里通不过，妈妈这一关更是绝对过不去。但撒谎这事吧，说了一个谎以后，就得继续说谎圆下去，这不就越撒越多了，唉！

问题解答

孩子在成长过程中出现撒谎的情况，尤其是平时一直都很乖的孩子，偶尔撒个小谎，家长不用太焦虑，更不要小题大做。但这事得重视，得有处理的办法。

首先，记住“先处理好情绪，再处理问题”。家长遇到这样的事不能太急躁，尤其是不要摆家长的架子打骂孩子，一定要控制好自己的情绪。如果面对的是青春期的孩子，则更加需要冷静对待，千万不要因此和孩子起冲突。否则，就可能会失去和孩子好好沟通的机会，很难再进一步了解孩子的想法。

其次，“孩子的错都是大人造成的”，要好好反省一下自己。一般来说，在家庭里受到家人尊重的孩子比较诚实；反之，在父母过分严格管教下的孩子，对父母少亲近感多恐惧感，往往为了逃避责骂而说谎。孩子撒谎肯定有大人的原因，不要只看表面情况，往深处想一想：是不是自己平时要求过高，给孩子的压力过重？是不是自己家长权威过重，没有给孩子足够的尊重？是不是孩子每次犯一点小错自己都揪着不放，总把家里闹得天翻地覆，让孩子心里没有安全感？一旦家长找到了自身的问题，离问题的解决也就不远了。

最后，问题不能顺利解决往往是因为家长不了解或不够了解孩子，所以家长需要和孩子深入沟通。等自己冷静下来了，想明白了，就赶紧和孩子好好谈一谈，和善、民主地沟通，了解孩子撒谎的前因后果。相信每个孩子都有做个好孩子的追求，撒谎一定有自己的理由。孩子犯错有没有客观原因？有没有自己不了解的其他原因？孩子是因为怕父母责备、老师批评，还是有别的什么让他担心甚至害怕？原因搞明白了，对症下药，彻底打消孩子的疑虑，让孩子心里有了安全感，他就没有必要撒谎了。当然，如果孩子在学习上、生活上确实有困难，那还是需要适度降低要求，更重要的是要想办法帮助孩子，从根本上解决问题。

73 孩子房间乱怎么办

问题描述

常有家长问：“我孩子的房间很脏很乱。被子不叠；衣柜门开着，穿过的、未穿过的衣服随便乱扔，床上、桌子上都是；床头柜上、桌子上也是堆满了东西；书架上的书杂乱无章，抽屉里东西乱七八糟，连抽屉门都快关不上了。面对这样的孩子，我该怎么办呢？”

家长心声

对于这类情况，我感到既难受又无奈，觉得孩子做事就是应该有条有理，不能随随便便，把东西乱扔乱放。每当看到孩子房间这么乱，我就忍不住会唠叨几声、训斥几句。到看不下去的时候，却又习惯性地去帮忙收拾了。当看到自己收拾的房间整整齐齐时，内心反而有了一种喜悦感、成就感和被需要感。直到下一次脏乱了，看不下去了，便又开始重复原先的话语和行为方式，在如此反复中问题却得不到解决。

孩子心声

我的房间我做主！这里是属于我自己的私人领地，我想怎么着就怎么着。对于脏乱差的房间，对于衣物乱放，早已经适应了、习惯了。虽然有时候感到难受，但想到父母会来收拾的，便不去管它了。不过我觉得父母进入我的房间整理，最好是经过我的同意，否则就是干涉我的生活，窥探我的隐私。

问题解答

要改变孩子房间脏乱差的情况，想让孩子学会自己整理和收拾房间，是有方法的。

首先，家长要改变自己的脾气。每当看到孩子的房间脏，东西乱放，就开始唠叨或者发脾气、训斥，那是完全没有效果的。因为孩子已经听你唠叨、训斥很多遍了，结果依然如此。如果面对的是青春期特别叛逆的孩子，极有可能产生冲突。如果家长情绪不好，忍不住想唠叨时，最为明智的做法是，把房门一关，眼不见为净。接着去收拾其他的房间，顺便整理心情、恢复平静。

其次，要改变自己的沟通方式。原先的唠叨和训斥要变一变，因为那样子并没有效果。等情绪平静下来之后，可以采用“沟通三段论”和孩子沟通：“我看到的事实是什么”“我的感受怎样”“希望孩子怎么做”。这样的方式孩子比较容易接受。比如对于衣物乱放，可以这样表达：“看到你衣服乱扔，我感到很难受，希望你把穿过的衣服放到洗衣机里。”

最后，还要有耐心，不要期待孩子一下子就能够改变。心理学研究表明：好习惯的培养平均需要 21 天，坏习惯的改变平均需要 75 天。孩子房间由脏乱到整洁是一个长期的过程，是父母不断心平气和提醒的结果。孩子的行为常常会反复，所以经常提醒也是需要的。当然在方式上可以适当改变，逐渐加码。比如面对孩子随处乱放洗发水，可以留字条提醒，第一次可以写“请把洗发水放回原处”，并贴在洗发水的瓶子上。一般来说孩子会注意，下次就知道放回原处了。有些孩子记性差，那就可以提醒第二次、第三次，在写法上稍微变一变：“这是第二次提醒了”“第三次提醒了”……只要家长自己做到和善而坚持，孩子的不良习惯定能改好。

74 如何培养孩子按时完成周末作业的习惯

问题描述

周五放学回家，许多孩子把书包一扔，就不管了。心里想着解放了，该快乐、尽情地玩去了。这时候如果家长催他快做作业，他根本不睬，或不屑地说：“你怎么这么烦！明后天都好做的，急什么！”可现实的情况是孩子往往要到了周日晚上才肯做，要做到很晚才能完成，而且作业的质量也不高。

家长心声

我希望孩子能把老师布置的作业快速完成，然后再去玩，这才是正确的。那样心里也踏实，否则总感到有事牵挂着。另外，还担心孩子把心玩野了、玩散了，所以要让他把心思多花在学习上。双休日更不该放松，最好能利用这段时间补补功课。

孩子心声

上了一周的课、做了五天的作业，好不容易盼到周末，正好可以放松放松、调节调节。这才刚到家，大人们就急着催做作业了，就知道关心学习，就知道逼做作业，也不想想我的感受和心情。再说那点儿作业，我自己心里有数，很容易完成，急什么呢！

问题解答

亲子间的想法虽然不同，却各有道理。要化解相互间的冲突其实很简单，就两个字：计划。父母可以让孩子每周五晚上把要做的作业亲自做一个详细的安排：周五晚上干什么？周六上午、下午干什么？周日干什么？什么时候做作业？什么时候玩？所有活动都有一个明确的计划。周日晚上则一般不做安排，以便灵活调整计划。

这里有两个关键点：一是“周五晚上计划”，而不是周五下午放学的时候；二是“亲自”，即孩子自己安排而不是家长包办。当然了，孩子如果不会安排，一开始可以与他一起安排，明确规划好什么时候做第一项作业，什么时候做第二项作业，什么时候出去玩。

对于有些不太自觉的孩子，计划实行起来有点儿难。比如到了该做作业的时候，他还是不太愿意，推三阻四，想再玩一会儿或等一下再做。这时候在沟通上要有点技巧，督促孩子做作业不能这样说：“宝贝，你怎么还不做作业！还在那里玩！”而应该这样说：“宝贝，你什么时候做作业？”如他说再等一会儿，那就马上接着问：“等几分钟啊？5分钟行不行？”或者建议：“10点钟后开始做好不好？”让孩子有一个明确的时间概念，在思想上有准备，到点的时候，他心理上就愿意多了，做起来也就格外认真了。教育孩子的时候，有时要给孩子一个台阶，让他能达到我们的要求。

让孩子按时、按计划完成作业，实质上就是让孩子自己去安排自己要做的事，而不是让孩子按家长的意愿去做事，更不是被催着马上去做、快速去完成。

这期间，家长要调整好心态，不能焦虑和急躁，但也不能放任不管。在三个节骨眼上要管好：一是督促孩子亲自规划周末安排；二是督促孩子及时完成该完成的部分；三是要求孩子坚持这样的行为习惯起码半年以上。

75 孩子总是丢三落四怎么办

问题描述

在班级的日常管理中，总能看见小朋友们掉在教室里的铅笔、橡皮；总能在课堂上听到小朋友说忘记带书的话；总能听见家长说“我的孩子总是找不到文具，有些文具使用一天之后就不见了”……有位家长甚至还发朋友圈说：“孩子的橡皮一天丢一块，实在没有办法了，我就把橡皮打了个洞拴在他的铅笔盒上，看他还怎么丢？”

家长心声

说起孩子丢三落四的毛病，我们家长真的太苦恼了。每天一到上学时间孩子总会忘记这个忘记那个，动不动就是作业本落在家里，或是文具盒忘带了，再不就是前一天老师刚发的资料，不知道给扔到哪里去了。明明在出门前一遍一遍地提醒，可孩子还是记不住，真的觉得身心俱疲。有时候我甚至担心孩子是不是身体发育存在某方面不足，才导致这样丢三落四的毛病。

孩子心声

对于这个丢三落四的老毛病，我也很无奈，明明记得自己提前检查过，却总会漏掉一两件东西。打电话给爸爸妈妈，又免不了被骂一顿，真的委屈死了。现在我总怕又忘了什么被爸爸妈妈责怪，有时候真的忘了也不敢告诉他们，宁愿被老师批评一下。

问题解答

6岁以前的孩子因为注意力和记忆力还处在发育的过程中，能够记住事物的时间很短，记下的内容也较少，因此丢三落四是很正常的。6岁以后的孩子如果还存在这样的问题，那就需要我们找到问题的根本：孩子形成这样的习惯，是什么原因导致的？怎样从孩子的角度出发去帮助孩子改掉这个习惯？

首先，要和孩子进行交流反思，寻找丢三落四的原因。如果是孩子本身生理原因，记忆力不好，家长不妨多些耐心，多多关注，陪他一起改正，且要适当表扬孩子，通过正强化帮助他改正。如果是因为父母包办孩子生活，导致孩子遇到问题时，总是依赖父母，什么也不考虑，进而导致马虎、粗心等坏习惯的养成，这时父母就需要放手，让孩子学会自己的事情自己做，培养孩子的独立性。让孩子从学会自理做起，比如让孩子自己收拾书包、收拾房间，自己的物品自己清点、整理，时间长了孩子就能慢慢学会细心。

其次，可以和孩子一起设置固定秩序，解决丢三落四的问题。对于低幼年龄段的孩子，秩序感是非常重要的，我们应保护儿童、理解儿童、尊重儿童、协助儿童，尽可能给儿童提供一个有秩序的环境，帮助他们建立相应的秩序感，形成良好的自理能力。

第一，教会孩子固定的整理顺序。与孩子一起讨论整理顺序，不仅仅限于口头，有时候可以和孩子一起编一段顺口溜或者画幅图，来帮助其改正丢三落四的习惯。

第二，和孩子共同确定固定的收纳位置。在家里，孩子的学习用品和生活用品都应该有固定的摆放位置。父母可以准备书柜或者收纳盒等，指导孩子把东西有序分类，摆放到固定位置并贴好标签，方便孩子及时寻找和归位物品。

第三，让孩子学会列清单。为了防止孩子落下必需的物品，可以让他在前一天晚上把第二天要带的物品列成清单，然后按照清单收好物品，完成一项就打钩。第二天出门前再按照清单检查，做到万无一失。

如果能采用以上方法，并坚持下去，孩子会逐步改掉丢三落四的毛病，养成良好的行为习惯，成为一个自理、自立、细心的人。

76 孩子不愿分床睡怎么办

问题描述

在一次读书会的交流环节中，一位妈妈倾诉道："我儿子是我带大的，一直挨着我睡，在 7 岁的时候想过让他独立睡，最后没成功，现在 11 岁了还天天吵着要挨着我睡，我该怎么让他独立起来？"

家长心声

孩子怎么不按照我想的那样成长？我觉得上小学前就应该可以做到分床睡了，可是孩子就是要黏着我睡。我想好好和他沟通，可总是白天说得好好的，晚上他又不肯了；有的时候想要严厉一些，但是看着孩子一直在床上流眼泪，十一二点还坚持着不肯睡，我又舍不得了。到底要不要和孩子分床、分房睡？什么时候分房睡最合适？判断的标准是什么？真希望能够得到明确的解答。

孩子心声

我一直挨着妈妈睡觉，好好的，为什么突然要分开睡了？是不是我大了爸爸妈妈就不想管我了？爸爸妈妈总是和我说长大了就要独立了，为什么长大就一定要独立？独立了就一定要分床睡吗？我真的好疑惑。

问题解答

要想解决这个问题，首先我们要知道“依恋理论”。从心理学的角度来讲，依恋是一种强烈且持久的情感联系，正是这种联系使得婴幼儿最愿意和母亲待在一起，这种母子之间的连接是儿童日后情感发展的基础。

所以父母首先需要审视一下自己在孩子的“依恋”期间，是不是对孩子的陪伴有所缺失，导致孩子安全感不够，因而特别依赖父母。如果是这样，那么我们需要给予孩子更多的耐心与陪伴，用我们的实际行动慢慢告诉孩子，父母永远是爱他的，逐步帮他建立起安全感后，再考虑他独立的问题。

其次还要提醒家长，在这个过程当中，我们要保持平和的情绪，不要过度焦虑，因为你的焦虑会感染到孩子。所以要给孩子一个好的环境，父母要有耐心，要循序渐进，不要突然就做很坚决的决定。可以从以下三个方面逐步引导：

铺垫：首先要告诉孩子，爸爸妈妈有一个想要和他分床睡的决定，让他从心理上有一个接受的过程，慢慢适应。那么在按步骤的操作上可以先是午睡分床睡，让他学会适应，然后慢慢过渡到夜晚让孩子自己睡；或者在房间里放张小床给孩子睡，可以先放近点，然后慢慢远一些，最后再分房睡。

环境设置：给孩子提供一个卧室，可以让他自己布置，让他逐渐形成一个意识："哪个领地是我自己的，归我负责；哪个是爸爸妈妈的空间，只能让他们支配。"

爸爸的加入：很显然，现在爸爸的角色是缺失的。这个时候，爸爸要经常和儿子相处，培养父子之间的感情。如果儿子和爸爸亲近了，孩子会变得非常阳光，安全感更强，从而逐渐消除对妈妈的过度依恋。

77 孩子总是不经意地咬手指甲怎么办

问题描述

在二年级班级里，有这么一个男孩，虎头虎脑很可爱，但很喜欢咬手指甲。跟家长联系，妈妈反馈："反复跟孩子强调，批评打骂，给他指甲上涂苦甲水都没用，甚至有段时间他的指甲都被咬得长不出来了。严重的时候，孩子不仅咬手指甲，还咬铅笔头，咬红领巾，反正能咬的都不放过，成绩也下降了，情绪还显得特别焦躁。"

家长心声

我们家里是特别重视孩子卫生的，看到他咬手指甲都会制止，如果提醒没用，我们就会忍不住大声呵斥他。然而，每次呵斥时，我们发现孩子咬得更厉害了。现在他不敢在大人面前咬，但会偷偷摸摸地咬。我们看他这样真是又气又怜，不知道要不要带他去看看心理医生。

孩子心声

爸爸妈妈不喜欢我咬手指甲，我也知道这行为不好，但就是忍不住。题目做不出来、问题答不出来、被大人批评的时候，不知不觉就把手指甲伸到嘴里，咬着咬着就感觉好多了。

问题解答

六七个月大的孩子吸吮手指，我们觉得很正常，但如果是六七岁的孩子咬手指甲，会让人觉得有点奇怪。这种“退行”的行为，可能跟孩子婴儿时期口欲没有得到充分满足有关，也可能是孩子处在一种焦虑情绪中的无意识行为，是遇到困难请求帮助的信号，多见于环境的改变，比如幼升小、家里添加新成员，还有学业遇到困难等。所以，家长这时候如果再用指责批评的方式来应对，只会让孩子更加无所适从，更强化了孩子咬手指甲的行为。那该如何淡化呢？

第一，冷处理。看到孩子咬手指甲时，假装没看到，不提醒、不指责，可以采取转移孩子注意力的方法，比如请孩子帮忙取东西。日常督促孩子勤剪指甲勤洗手，保证卫生的情况下，家长自身的焦虑能减轻一点，对孩子咬手指甲的容忍度也能更高点。

第二，觅原因。仔细观察孩子咬手指甲的场景，及时跟老师沟通：是写作业、发言、上课时，还是跟小伙伴玩耍时咬？在学校咬得多，还是在家里咬得多？年纪小的孩子常常讲不出原因来，但我们通过观察可以引导孩子用语言说出自己的情绪。了解压力源后，再帮助孩子克服困难。实际的困难小一点了，心理的压力也能减轻，咬手指甲的行为就能慢慢减少了。

第三，巧替代。孩子不能一下子改掉咬手指甲的习惯，我们可以跟他商量，遇到令他紧张或者焦虑的场景，是否可以用其他方式来替代咬手指甲，比如，说出来、运动、画画、写下来……同时帮助孩子关注行为背后的情绪。

第四，多陪伴。会出现咬手指甲行为的孩子，气质类型大多是偏紧张敏感的。他们有时排解不了自己的负面情绪，情绪积压后就表现在行为上。所以，家长的陪伴就显得特别重要，家长可以多倾听、常沟通，给孩子一个疏导的渠道。安全感满满的孩子，遇到困难时知道自己不是孤军奋战，也就不会通过咬手指甲这样的方式来缓解焦虑了。

78 孩子做事拖拉、做作业磨蹭怎么办

问题描述

一位家长曾这样抱怨道：“我家孩子别的都挺好，就是做事特别磨蹭。比如，早上再不走都要迟到了，她还在磨蹭地收拾东西。放学时，别人都走了，可她还没出校门。这些我都还可以忍受。最可气的是，她在家写作业非常磨蹭、不专注，经常半小时就写了几个字，遇到不会的题，就愣在那玩玩笔、看看窗外，学习成绩也因此受到很大影响。”

家长心声

一看到孩子做事拖拉，我就感到非常着急、焦虑、烦躁乃至生气。比如，早上孩子临出门前还磨磨蹭蹭，我就担心：万一上学迟到了怎么办？迟到了挨老师批评怎么办？放学回来写作业磨磨蹭蹭，我又担心：万一作业写到很晚，写不完怎么办？作业完不成影响成绩怎么办？成绩不好考不上好的初中、高中、大学怎么办？没有读好的学校，将来的生活怎么办？……在这样的焦虑和担心下，我就会不停地催促，

不自觉提高音量，可是发现这样一点用都没有，我们家长越着急，孩子似乎越不着急，还容易引发矛盾冲突。

孩子心声

我有的时候磨蹭，有的时候也不觉得自己磨蹭，早上只是晚一点出门，爸爸妈妈就在那大吼大叫；放学回到家，我只是想先玩一小会儿再做作业，爸爸妈妈就说我做作业拖拉；遇到不会做的题目，我不知道该怎么办，大人就批评我不专心。既然你觉得我磨蹭，那我就磨蹭给你看吧。

问题解答

第一，剖析原因。孩子没有马上去做家长认为该做的事，未必都是拖拉，比如，孩子写作业遇到难题发愣，可能与畏难情绪有关，需要家长帮助；孩子放学没有及时回家，可能是被学校里更有趣的事情吸引了，家长可以跟孩子聊聊学校的趣事；孩子回家没有马上写作业，可能上了一天的课有点累了，他想调整下自己的状态。家长不要盲目给孩子扣上“拖拉磨蹭”的帽子，更不要拿自己的做事节奏去衡量孩子。

第二，归还责任。现在很多家庭，都给人“皇帝不急太监急”的感觉，明明是孩子自己的事，家长却比孩子更着急。家长过分催促，可能是因为心疼孩子，不忍心让孩子承担后果，也可能是自己怕麻烦。但成长的道路本来就是磕磕绊绊的，不让孩子承担后果，同时也剥夺了他们成长的权利。如果催促没有用，那就尊重孩子当下的选择，由他自己把他该负的责任承担起来，这样孩子自然会去思考并重新选择。

第三，管理情绪。当孩子没有及时起床，没有按时完成作业时，他们本身就有点着急了，家长如果按捺不住自己的焦虑插手管理，冲突很容易一触即发，既解决不了问题，还引发了矛盾。所以，凡事要本着“先处理好情绪，再处理事情”的原则。按时上学、完成作业……这些是孩子的事，而看到孩子没有按照家长的期待做事，管理好自己由此产生的焦虑和愤怒，这才是家长的事。当家长不那么着急上火了，或许就会看到孩子的改变哦。

79 孩子放不下手机怎么办

问题描述

孩子正在劲头十足地玩手机，嘴里不时发出各种声音，情绪时而激动，时而愤怒……此时，家长走来提醒：“还有五分钟。”孩子没有理睬，继续投入“战斗”。五分钟后，家长提醒：“时间到了，手机拿来。”“再玩五分钟！”家长摇头走开。“时间到了。”“这局还没有结束，让我结束这局，马上就好！”……半小时后，家长怒火中烧，抢走手机，孩子也一脸愤怒，空气中都是火药味。孩子沉迷于玩手机，是令很多家长头疼的问题。

家长心声

面对孩子玩手机的问题，我们担心孩子的身体和视力出现问题，担心孩子的学习受到影响，还担心孩子沉迷其中不能自拔。另外，跟孩子商量好的事情，孩子一次次不遵守承诺，随意破坏规则，没有契约精神，一次次突破我们的底线，我们却找不到更好的方法，到忍无可忍的时候只能硬来，很无力，很焦虑，也很愤怒。

孩子心声

每天除了学习还是学习，只有玩游戏才能让我感觉到放松。我的学习不是那么好，上课时老师讲的内容有很多我都听不懂，作业也总出错，爸爸妈妈和老师总是批评我，说我不努力。还是玩游戏好，我总是能赢，输了也没关系，它总是告诉我下次肯定能赢，再玩一盘吧。我的很多同学都爱玩游戏，如果不玩游戏我跟同学聊什么呢？父母虽然跟我在一起，但他们只会对我提要求，不知道关心我，了解我，只有游戏能时刻陪伴我。我也很想把手机放下，但突然不玩真的很难受。

问题解答

手机已经成为家长与孩子产生矛盾和冲突的主要因素之一，要学会与孩子沟通手机问题，家长不妨先问问自己："孩子为什么这么喜欢玩手机？"从孩子的视角，手机是他们了解世界的一个窗口、放松身心的一种工具，也是成就感的来源之一，因为孩子对手机界面的操作往往能够无师自通。最新的脑科学研究发现，对于新鲜的、刺激性的活动，孩子的快感强度明显高于成人，同时，孩子控制情绪、抵御诱惑、规划未来的大脑部位，还没有发育成熟。两者结合，更加剧了控制孩子玩手机的难度。

首先，要引导孩子好好使用手机。家长要调整认知：手机不是洪水猛兽，它已经是当今世界不可或缺的综合工具，所以适度使用手机应该被允许。

其次，家长不能双重标准：一方面说手机不能玩是为了孩子的健康，另一方面又说成绩好了就可以玩，这明显是自相矛盾的；一方面说孩子不能玩，另一方面自己却玩手机迟迟不睡觉，孩子又怎么会信服呢？

最后，家长要了解孩子玩手机背后的需求，孩子缺什么，就补什么，从根本上解决问题。

有的孩子玩游戏是因为缺少关爱，父母就需要给予孩子更多高质量的陪伴，比如跟孩子在一起时，多倾听孩子的话语，创建家庭欢乐互动时间。有的孩子是因为压力大想要通过玩游戏减压，父母就需要跟孩子一起调整期望值，制定他跳一跳就可以够到的目标，对话时不要一张嘴就是作业和成绩，还可以引导孩子学习放松的方法，例如运动、听音乐等。有的孩子沉迷于游戏是因为日常生活中缺少价值感，父母就需要多角度看到孩子的努力、进步，关注过程而不是结果，和孩子的过去比，而不是和别人比，用肯定提升他的自尊……

当然，我们也要了解孩子的身心特点，给他们一个弹性的时间与空间，一起制定使用手机的规则，温柔而坚定地执行。

80 孩子沉迷于“追星”怎么办

问题描述

心理热线接听了一位妈妈的求助：孩子以学习查资料为借口，用手机和电脑搜索某明星的相关资料，还疑似加入了该明星的一个粉丝群，甚至还为该明星用了零花钱投票打榜。孩子学习成绩严重下降，上课时精神也有点萎靡，除了“追星”以外对什么都不感兴趣。

家长心声

我家这个孩子整天抱着手机看明星，或者用平板电脑搜索年轻偶像的行程。还沉迷在所谓的“某明星应援会”的聊天群里聊天，我偷偷看过聊天内容，都是什么“哥哥最帅”“疯狂买买买”“为他刷爆数据”这类内容。我都觉得这孩子魔怔了，担心她突然有一天会离家出走找那个明星，或者突然为他做出什么可怕的事情。别说现在学习已经跟不上了，连正常生活都受到了影响，我现在只想她正常一点！

孩子心声

我喜欢明星没有错。他长得好看，又会唱歌跳舞，魅力无限；班上其他同学也都有自己喜欢的明星啊，她们还买过与偶像相关的周边产品，甚至在假期组团去看演唱会呢！明星的存在为我无聊的生活点亮了一盏灯，让我觉得生命又有了希望。学习太枯燥了，爸妈工作也很忙，根本没空管我。我每次听他的歌，看他的剧，就觉得很放松很解压呢！为他花钱，买点东西，我觉得很有成就感。

问题解答

"追星"背后存在着心理上的动力因素和教育契机。可以分成以下几类：

第一类，一般来说家长对孩子从小植入的信念已经内化，很多孩子会借助被社会或媒体认可的人物形象来外显自己的想法。表面"追星"，实则是他们内心渴望像明星一样被认可。对于此类孩子的教育方法是，挖掘明星的内在品质。比如问孩子："你欣赏这位明星的哪些品质啊？"孩子可能会说：她（他）很漂亮（帅），很勇敢坚强，还很聪明，等等。再问孩子："你从哪些方面判断她（他）是这样的一个人呢？"引导孩子思索内在品质和外在行为的紧密联系，然后再引导孩子思考自己的品质和行为，比如："你也想成为像这位明星一样勇敢、智慧又坚强的人是吗？那你觉得你做过的哪些事情展现了这些品质呢？"

第二类，有些孩子是受到同伴的影响，感觉别人都"追星"，自己不"追星"就和同伴没有共同话题。他们想取悦朋友，所以才"追星"。对这类孩子的教育，家长应重点关注孩子如何交朋友，如何与朋友相处的问题，比如问孩子："你觉得怎么做才能成为一个受欢迎的人？"时常结合时事与孩子讨论班里发生的事情，赞美孩子正确的做法，提升其自信。

第三类，青春期的孩子开始有了"父母不一定是权威"的想法，有时会觉得教师和明星更具权威性。如果父母强加干涉和阻止，孩子不管父母的动机如何，总会认为父母的管教是错误的，也是难以接受的。对于这类孩子的教育方法是，引导孩子反思自己的行为可能会造成怎样的影响，同学和老师会如何看待自己的行为。强加干涉的阻止方式并没有尊重孩子的人格，效果不好。

81 孩子沉溺于网络游戏怎么办

问题描述

孩子只要在家就手机不离手，天天打游戏，成绩直线下降。要是不让他玩，他就说要跳楼。虽然国家出台了新的防沉迷政策，但是孩子经常用父母的身份信息注册，继续沉迷于网络游戏且总是拿生命做威胁。家长到底该如何是好？

家长心声

我们家长面对孩子沉溺于手机游戏，往往是束手无策、无所适从。身边有的家长说，孩子处于青春期，此问题不用管，度过这段时间就好了。更多的家长就是与孩子针尖对麦芒，且在跟孩子的争执中，我们家长往往控制不住情绪，易暴易怒，有的甚至对孩子大打出手，造成孩子离家出走。

孩子心声

我身边的同学都在玩手机游戏，而且每天会到学校讨论有关游戏的话题。其实我们也不是沉迷于网络游戏，玩游戏只是让我们能够消除学习的疲惫，获得愉悦感。而且网络游戏真的设计得太有挑战性、太美观了，每次胜利都会刺激我不断地挑战，让人欲罢不能。如果是团队游戏，那就更不能退出了，会影响团队成绩的。

问题解答

面对孩子沉溺于手机游戏的问题，家长采用断网藏手机、批评打骂或唠叨说教的方式往往是无效的，甚至可能适得其反。要透过游戏看到孩子内心的渴望是什么，并用其他方式满足他的这种渴望，逐步让孩子不再沉迷于手机游戏。孩子沉溺于手机游戏一般是由以下几种渴望导致的：

第一，渴望快乐。任何人都有追求快乐的权利，孩子也不例外。看看学习或家庭生活中有没有能给孩子带来快乐的事物，比如宠物、运动、美食、旅游、科学探索等；最重要的是，家庭中要营造快乐的氛围，如全家人共同做某件事情，共享全家人的快乐时光——超过手机游戏的快乐。

第二，渴望朋友。孩子处于成年早期，社会发展心理学家埃里克森认为青年人是在寻求和保持自我同一性的过程中生成人格的，他们乐意甚至热切地把自己的同一性与其他人的同一性融合在一起。观察我们的孩子是否在交朋友方面遇到了困难。有些孩子觉得只有玩游戏才能和朋友有共同的话题，同学们都在玩，自己不玩就没有朋友了。如何在和朋友聊天的时候寻找共同话题，如何结交好朋友，是需要家长对孩子做出引导和提供帮助的。

第三，渴望成就感。孩子在学习或生活中如果找不到成就感，就会比较自卑。游戏通关以及游戏中对孩子赞美的话语满足了孩子内心对成就感的渴望。当孩子在学习上遇到困难时，家长可以寻求老师的帮助，多指导和帮助孩子学习，而不要一味指责。另外，在生活中创造让孩子获得成就感的机会，比如让孩子参加自己擅长的运动比赛、手工劳作等，让成功的体验增加孩子的成就感和自信。

82 孩子总是爱哭怎么办

问题描述

有个三年级的男孩，总是难以控制自己的情绪。平日里只要遇到不遂自己心意的事情就会尖叫、大哭。小的时候，妈妈和老师还会耐心地安抚他。但随着年纪的增长，妈妈的安慰并没有让孩子情绪易失控的状况有所改善。有一次，孩子不小心摔倒了，上衣和裤子湿了，膝盖也磕到了。孩子并没有告诉妈妈，只是独自跑到角落大哭大叫，当妈妈发现他的时候，他脸上已经满是泪水。

家长心声

对于这个超爱哭的娃我也很无奈，小的时候，书上说对于这种高需求宝宝，家长要给予足够的爱和关注，随着年纪增长就会好了。但都好几年了，孩子一遇到一点点不顺心的事就用哭来引起我们关注，怎么讲道理都不听。我们真的已经受够了，但又无计可施。

孩子心声

小的时候，只要我一哭闹爸爸妈妈就会及时出现，帮助我处理各种不舒服的状况，而现在妈妈说我已经长大了，要学会自己处理事情了，这句话让我感受到爸爸妈妈已经不爱我了，要让我独自面对这个复杂多变的社会。于是我只能通过更大的哭声来吸引他们的注意，可他们根本不懂我，有时候还更加严厉地批评我，让我内心更加失落。

问题解答

遇到孩子情绪爆发的时候，通常家长的做法是以自我为中心，习惯于采用问答形式，通过讲述一大堆大道理试图让孩子明白大哭大闹不能解决任何问题，实则没有关注孩子的内在需要和想法。因此，家长可以从以下几点出发：

首先，先情后理，积极关注。当孩子哭闹时，孩子的情绪脑占主导地位，家长切记不能以理论事。讲道理只会让孩子更反感。家长可以简单询问："怎么了？""你需要我如何帮助，才会让你舒服一些呢？"让孩子充分表达自己的想法。当孩子得到家长的积极关注后，会获得归属感和安全感，从而敞开自己的心扉。

其次，认真聆听，学会重复。倾听是爱和尊重的表现，亦是无言而又坚若磐石的陪伴。当孩子开始诉说问题时，建议家长不予以评论，但可以重复。比如当孩子说出自己遇到的困难时，家长要重复孩子说的话："原来你是……""所以你刚才是因为觉得委屈才哭的……"让孩子感受到我们确实在认真聆听，但不要发表任何观点。

再次，简单回应，充分表达。如果听的时候，觉得孩子意犹未尽，我们可以用简单的“嗯，嗯，嗯”或“还有呢”让孩子继续说。简单的几个字有神奇的魔力，它会让孩子感受到我们对他的认同。采用单向的你说我听，简单回应，让孩子充分表达自己的心里话。

最后，学会共情，择机分享。等孩子诉说完自己所有的不快乐，平复心情之后，我们再把自己想讲的分享给孩子，这时候孩子的理智脑占主导，会愿意接受我们的建议。其实爱哭是情绪受挫的表现，当遇到孩子情绪不佳时，我们要学会“先情后理”，帮助释放非理性情绪之后再进行理性教育。

83 孩子有过激行为怎么办

问题描述

班级学生在走廊排队，突然两名男生开始大打出手，互相扇耳光。同学们努力把他们两个拉开，问了一下情况，起因是同学A和同学B玩闹，B拍打了一下A的后背，不承想A十分激动，气势汹汹地扇B耳光，一来二去的就越打越厉害了。在孩子冷静后，B同学很快回归课堂，A同学却越哭越厉害。在心理辅导过程中，发现A同学手腕上有疑似割腕的痕迹。

家长心声

我（同学A的家长）是单身妈妈，这么多年一个人带孩子很不容易，孩子自身性格也有问题，很难交到朋友。他在学校总是和同学打打闹闹，我经常收到老师的各种投诉。不是我不想管，是因为他总在学校发生过激行为，我也管不了。在家我再怎么教育似乎都没有用，不知道该怎么办了。

孩子心声

同学和我打闹时，我不自觉地想起在幼儿园的时候，父母闹离婚，爸爸拿刀对着妈妈，我去阻拦时手臂被划破，血流了下来。我感觉到很害怕、很恐惧、很委屈，想要一个人躲起来。这件事在我心中藏得很深，但只要跟同学发生矛盾我就会想起它。不是我不愿控制自己的脾气，是因为我自己也不知道该怎么控制。

问题解答

孩子存在过激行为，往往是情绪崩溃或心理承受能力到了极限，其实也是一种释放自我的方式，只是这种方式不太合适。家长们可以从以下几方面入手进行引导：

第一，理解孩子的过激行为。当孩子出现不恰当行为的时候，是因为孩子需要发泄或表达出潜意识中的情绪。情绪也有梯度，往往首先是愤怒，然后是恐惧、悲伤，最后是委屈。这些情绪都应该得到表达和理解。只有理解了孩子的情绪后，我们才能去探索孩子内心的期待和渴望。

第二，查找过激行为根源。A同学因劝阻父母打架被割伤手腕，造成心理创伤。A、B同学打架这件事情只是表象，童年父母打架闹离婚所带来的创伤才是内因。每次一与同学打闹，A同学的自我保护模式就会立刻不自觉地启动，从而产生过激行为。

第三，治愈内在伤害。可以通过“呼吸放松法”引领孩子平复情绪，慢慢回到平和的状态；或者采用“浅催眠疗愈法”，让孩子闭上眼睛，深呼吸，在想象中回到幼儿园时期父母打架的那个情景中，把当时感受到的害怕、恐惧等被压抑的情绪都发泄出来。只有把压抑在潜意识里的情绪都发泄出来才可以做后面的辅导。

第四，重塑正确印记。很多人遇到不如意的事情时，内心会充满疲倦、无力、愤怒、恐惧甚至产生轻生的念头，其中的原因是一些局限性的信念所控制的行为模式无法使自己获得想要的结果。所以，必须改变这些局限性的信念。这个孩子首先要突破思想框架（如不合理信念或固有思维模式），可以通过谈话，使A同学消除“父母不应该吵架、打架和离婚”的念头；再和A同学分析父母离婚如何使他成长，让他明白父母永远是父母，即使离婚，父母角色也不会变化。

84 孩子喜欢穿奇装异服该如何进行正确引导

问题描述

妈妈发现上小学六年级的丁丁不喜欢她买的衣服，说“太土”，提出要自己去买衣服。接着丁丁跟同学一起买来破洞牛仔裤并整天穿着，买的上衣挂满各种流苏，有时候还会戴上很大颗的耳钉。暑假的时候，丁丁还跟朋友一起把头发染成了彩虹色，红一道、绿一道的，为这事父子俩冷战了一个月，亲子关系受到严重影响。

家长心声

我们也了解孩子、理解孩子，毕竟自己也是这样成长过来的。我们理解孩子到了青春期，有了自己的主见，开始变得有个性了，不喜欢我们家长替他挑选衣服了。可是孩子如此夸张的着装，让我们做家长的如何忍受得了？邻居们看到了以为是社会上的小混混呢，我们都不知道怎么解释。跟他好好聊吧，孩子不愿跟我们讲话。唉，都不知道他怎么会变成现在这个样子。

孩子心声

我就是觉得穿这样的衣服很酷，超级有个性，同学们都用羡慕和惊讶的眼神看着我，这种感觉太爽了。我觉得爸爸妈妈一点都不理解我，为这件事情经常批评我，我就更加不愿意听父母的了，甚至一心只想跟他们对着干。我不喜欢他们什么事情都来约束我，更不希望活得像我父母那样。

问题解答

五六年级开始，孩子们的身心发育和自我意识开始逐渐成熟。于是他们试图将自己和他人区别开来，从而突出自我存在感。他们会通过穿一些奇装异服或者佩戴各种奇怪的饰品，来彰显自己的“与众不同”，这是孩子成长过程中的正常现象，他们只是试图找到自己的价值并建立自我认同感。面对这种情况，家长如何做更好呢?

首先，要了解孩子内心的想法，与孩子一同探索他内心的价值取向，并对其加以引导。当孩子成长到一定阶段，他会想要按照自己的行为准则做事，父母要多倾听和尊重孩子的想法，不要心急和发脾气，而是要心平气和地与孩子沟通。例如，上面这个案例中，家长可以这样说：“妈妈最近看了《中国有嘻哈》，才知道原来你这个打扮属于嘻哈风格呀！据说喜欢嘻哈的人，内心追求无拘无束，对吗？”先读懂和认同孩子内心的想法，然后跟着孩子一起探索行为背后的价值取向，在愉悦的氛围中适当加以引导，比如说：“我也觉得很酷，他们不光打扮很酷，也十分有个性，做了一些对社会、对自己都有益的事情，你想不想了解一下？”把孩子对外在打扮的追求引导到良好个性的培育上，探索属于自己的特点，呈现个性之美。

其次，要了解孩子的性格特点，因材施教。每个孩子都不一样，外向型、右脑型的孩子会比较在乎别人是怎么看待自己的，有一种被他人认可的渴望。到了五六年级，意识开始处于半独立阶段，就会凸显出案例中类似的问题。家长需要明白，孩子的内心还有未被满足的需求是十分普遍和正常的，我们可以借此机会逐步引导，把外在的追求慢慢转变为内在的追求。外在的追求有：穿奇装异服、名牌衣服，炫耀家里有钱，觉得自己比别人好看，等等；而内心的追求有：同学心底的认可，如何进行个性化的创造（对自己和周围的人有好处的），等等。当然这是一个慢慢由外在追求转向内在追求的过程，需要家长耐心学习、陪伴和引导。

再次，借助名人、名著引导孩子。寻找历史上一些个性十足的名人，看他们是如何影响和改变国家甚至世界的。用名人故事让孩子认同和学习，然后不知不觉地改变。

最后，孩子每一次产生问题都是父母自身获得成长的机会，家长需好好抓住机会，与孩子共同成长。

亲子成长篇

TIPS:85～100

家长不仅是孩子赖以依靠的人，也是让孩子学会独立的人。让孩子成长，从依赖到独立是家长的职责之一。诚如斯言，好的家庭教育是多么重要!

当下孩子的教育问题几乎成为每个家庭的核心问题。孩子步入青春期的这段时间，是青少年生理成熟和心理发展的重要时期，是对青少年实施“爱的教育”的关键时期。在价值取向多元化、生活方式多样化的新形势下，青少年性与生殖健康教育问题也越来越突出。不可否认，其中有些意外会让我们措手不及，然而，这便是成长。既然每个孩子都是上天赋予我们的礼物，那么请您在遭遇育子困惑时莫烦恼彷徨，因为此刻孩子的内心或许正发出这样的声音：我们需要关注和呵护，我们需要沟通和理解，我们需要帮助和启迪。家长需要做的是，转变教育理念，建立良好的亲子关系，帮助孩子树立正确的世界观、人生观、价值观，增强青少年的自我保护能力，让他们更加安全、顺利地度过青春期，健康快乐地成长。所以，亲爱的家长朋友，请用真诚倾听，请用智慧交流，我们是塑造孩子未来的引领者。

85 二孩家庭的爱如何平衡

问题描述

小何最近的学习成绩一落千丈，作业变得字迹潦草，作文写得也很敷衍，对任何奖励或者批评都很淡漠，甚至于消极反抗。老师通过与小何的聊天得知，原来是二孩惹的祸。“从天而降”一个妹妹后，小何产生了心理落差，开始偷懒不完成作业。

家长心声

在妹妹出生前，小何是我们家“集万千宠爱于一身”的宝贝。妹妹的出生，使得我们对小何的关注也不可避免地减少，再加上身边的人有时开玩笑拿妹妹“威胁”小何，加剧了小何与妹妹的敌对关系，他总说“我不喜欢妹妹”。妹妹的出现甚至导致小何在学习上也表现得很糟糕，我们十分苦恼。

孩子心声

自从妈妈肚子里有了这个小宝宝后，爸爸妈妈经常拿她“威胁”我，总说我不听话，他们就不喜欢我了，还要把我喜欢的玩具都给小宝宝玩。我真的不希望妈妈生下这个小宝宝！这种失落的情绪在学校也反复产生，我有时候上课一想到这件事就难过得想落泪，所以最近的成绩也下降了。

问题解答

其实对于照顾多孩家庭中孩子的情绪，父母的态度是首要的。

首先，应该建立老大与老二的正确序位关系。父母可以告诉小何："你是哥哥，恭喜你升级了！从此你对妹妹有了责任和权利。你有保护和教育妹妹的责任，也拥有分配玩具和事物等的权利。哥哥妹妹在一起的时候，妹妹要听哥哥的，哥哥要尊重妹妹。哥哥妹妹吵架或打架的时候，只要不伤害身体和生命安全，一般爸爸妈妈不插手。"

其次，共同探索"老大"心理和行为偏差背后的原因，破除"老大"的非理性思维（如"爸爸妈妈不在乎我了""妹妹抢走了我的一切"等）；反思且调整家长自身的教育方式，更有效地促进亲子关系和同胞关系的改善。

再次，家长对大孩更要付出无差别的爱。与此同时，学校也跟小何进行了多次深入交流，试图引导小何带着好奇心去仔细观察小妹妹："这么可爱的小妹妹，你居然还没有仔细看过，真是一大遗憾。今天回家后好好观察一下妹妹是怎么睡觉、怎么喝奶、怎么哭的。明天把你看到的告诉我，好吗？"第二天课间，小何主动来分享他观察到的趣事。他侃侃而谈的样子，简直与前一天判若两人。

最后，何不让他当一当妹妹的“成长记录员”呢？通过观察、记录妹妹的变化，小何不仅能自觉完成随笔，还能慢慢地喜欢、接纳这一新的家庭成员，享受这份快乐。很快，小何开启了关于妹妹的随笔记录之旅。一篇篇真情流露的随笔，字里行间流露出的都是小何对妹妹满满的喜爱。他渐渐找回了来自父母的安全感，不再将妹妹视为“天敌”。有了健康的心理后，小何再次端正了自己的学习态度，学习积极性也大大提高。之前那个积极举手发言、高效完成作业的棒小伙儿又回来了！

86 三孩来了，如何对待一孩二孩

问题描述

在小叶同学一年级的时候，妈妈生了第三胎，他还有个妹妹在上幼儿园。妈妈出院后住进了月子中心，爸爸去陪护回不了家，于是小叶同学晚上不肯洗澡睡觉，对着阿姨和外婆摔东西发脾气，对妹妹态度也很差；早晨不肯去学校上学，在学校期间总是因为情绪崩溃而大哭，上课铃响了也不进教室，常常跑到校门口望着爸爸上班的方向。

家长心声

面对孩子的“无理取闹”，作为家长的我们也十分头疼。我白天上班忙忙碌碌，下班后照顾妻子和三宝，还要处理小叶的各种状况，可谓心力交瘁。同时，我觉得小叶是大男孩了，心智还如此不成熟，家里已经有两个人专门照顾他和妹妹了，可他还各种挑剔，真是不可理喻。

孩子心声

妈妈又生了一个弟弟！外婆和阿姨都说我跟妹妹多了一个“玩

伴”！哼，那都是骗人的！他一来，我的爸爸妈妈都消失了！我也想爸爸，我想他陪我玩！他现在总是去陪妈妈和弟弟，我好不容易才见到他，他根本不像以前那样对我笑呵呵的！我紧紧抓住他，他竟然对我凶，我使劲哭他也不管，反而大发脾气好像要打我一样！我感觉他们不爱我和妹妹了，他们有了新的孩子，他们不想要我们了！新来的弟弟把爸爸妈妈全部抢走了！

问题解答

当大宝、二宝面对新出生的弟弟（妹妹），性情突然改变时，大多数爸爸妈妈都觉得无所适从，缺乏处理这种情况的经验。

家长可以通过以下四点来给孩子提供正向的、高质量的关注。

第一，家长可以通过亲子谈话、讲解相关绘本故事，告诉大宝、二宝：“爸爸妈妈爱你们，当然我们也爱三宝，你们的爱不会被平分，家里的爱越多，那我们每个人获得的爱也就越多，三宝长大了也会爱你们，也会关心你们。”最重要的是要让孩子真真切切感受到爱。这需要家长用行动来表达，比如：每天睡觉前抱一抱孩子，和他们说“爸爸妈妈爱你们”；早晨分开的时候也给孩子一个拥抱，说“宝宝再见，爸爸妈妈期待着你们放学回来”；等等。

第二，要安排只有爸爸妈妈和大宝、二宝相处的时间。当然爸爸妈妈也要有和三宝单独相处的时间，要让他们明白每个宝宝在爸爸妈妈心目中都是独一无二的。

第三，邀请大宝、二宝一起来照顾三宝，比如让大宝、二宝设计三宝的卧室，或者由他们商定给三宝取名，家里的一些小事也可以与他们商量，采用他们的意见。这样一来，让大宝、二宝在家庭中更有参与感，树立他们“大哥哥、大姐姐”的形象。

第四，未来当三个孩子起争执的时候家长注意不要忽视大宝、二宝的感受，特别不要用“你是哥哥（姐姐），要照顾弟弟（妹妹）”这样的话来解决冲突，这会影响孩子的感受。不要用哥哥（姐姐）的称呼去进行道德绑架，手足情的生发应该出于大宝发自内心地喜欢弟弟妹妹，出于大宝自己的主观意愿。

87 家长如何帮助孩子逐步建立自信

问题描述

轩同学除了在个别科目上学习表现相对突出，学习能力整体比较弱。遇到困难时，他常常会逃避问题，通过喊叫、哭闹的方式表达自己的情绪，常常会影响到下一节课的学习。一次学校进行英语和科学的阶段性练习，完成练习后，他觉得自己没有做好，就趴在桌子上哭了，全然忘了后面还有科学阶段性练习需要完成。

家长心声

我的孩子学习能力比较弱，上了三年级后，经常一遇到学习上的困难就哭，次数比一、二年级还要多。看到孩子面对学习上的困难神情沮丧，对学习越来越没有信心，我很心疼。我觉得自己要在学习方面多帮助他，更需要帮助他树立自信。我该怎么帮助孩子树立自信呢？

孩子心声

上三年级了，我感觉学习一下子难多了。一次次遇到难题，我的信心一次次被打击。虽然家长和老师每次都安慰我“努力一下，下次会有进步的”，但是进步没有这么容易。同学轻松完成的作业，对我来说却是这么难。是我太笨了吗？有时候我都想放弃了。

问题解答

三年级是一个特殊的阶段，对孩子的学习能力、行为习惯等方面都提出了更高的要求。在学业上、交往中一次又一次受挫容易让孩子失去信心，而自信的再建立却是一个非常艰难的过程。建议家长可以这么引导：

首先，共情理解，表达接纳。当孩子对某件事存在消极看法时，我们可以运用“重复孩子话语”的策略，表达对孩子当下心情的理解，接纳孩子的情绪。家长无条件的陪伴可以让孩子感受到来自家长的尊重，增强安全感。

其次，正向重构，寻找亮点。每个孩子都有自己的优势，家长要努力发现并放大孩子的优点。我们在日常生活中与孩子相处时要经常积极肯定他的优点，使其将注意力聚焦到自身优势上。也可以在生活中为孩子提供获得成就感的机会，并不断给孩子点赞。

再次，正确归因，积极关注。孩子在学习上遇到困难时容易归因为自己能力不够。家长可以多和任课老师沟通，和孩子一起分析习题，针对孩子的知识结构、学习方法、听课效率、学习反馈等情况对症下药、解决问题。辅导过程中，通过寻找自身优势的方法让孩子感受自己的进步，从而强化良好的学习行为。

最后，自我暗示，自我肯定。当孩子经过努力依然没有达到预期目标时，我们要引导孩子接纳自己的不足，让孩子练习自我暗示：“我能行，我一定行。”教会孩子更乐观地看待问题，运用“虽然（我这一次作业正确率不够高），但是（我已经学懂了一部分知识），而且（我通过订正错题还能学懂更多的知识）”的转折句式让孩子多角度看问题，既能接纳自己的现状，又能看到希望。

88 如何培养孩子良好的消费习惯

问题描述

常常可以看到，放学时学校边上的小店总是被学生围得水泄不通，里三层外三层。有买雪糕饮料的，也有买烧烤或其他零食的，花钱不说，食品还不一定卫生。还有的家长反映，孩子已经有很好很新的笔盒了，看到有好看的还是要买，买来后用一两天就搁在那儿了；家里的笔、橡皮也很多，有些用都没用过。如何让孩子养成良好的消费习惯，合理使用零花钱，这是许多家长关心的话题。

家长心声

我们觉得孩子花点钱买零食吃不要紧，但要吃得卫生、吃得健康，孩子乱吃零食，生病住院了自己不舒服，我们家长更是焦急心疼。买学习用品可以，但应该用完后再买，不能浪费。赚钱不容易，要花钱的地方很多，能节约就要节约。可已经跟孩子说过多次了，为什么他总是不听呢？

孩子心声

这是我的零花钱，爸妈总是唠唠叨叨不许我花钱，烦死了。那么多同学都自己买零食吃，也没生病，为什么不许我吃？我喜欢我乐意啊！那个笔盒某某同学有了，班上许多同学都有了，我也要有，否则多没面子啊！

问题解答

在消费方式、消费心理、消费习惯上，两代人有所不同，要达到一致，难度较大。作为长辈，如果能够读懂孩子，理解孩子，则可化解双方的冲突。如果还能换一个角度，教会孩子如何合理分配自己的零花钱，培养孩子理性消费的能力，养成绿色消费的习惯，则更有利于孩子养成正确的消费观。

首先是要改正不良的消费心理。孩子出现“有了笔盒还要买”之类的现象，起初可能是因为没有节约的意识。经批评教育之后，孩子如果一而再、再而三还要买的话，可能就是存在一些不良的消费心理了。如“从众心理”“攀比心理”和“炫富心理”，都会导致孩子行为失常，盲目、冲动地消费。

其次是制订消费计划。制订可行的消费计划，可以有效地帮助孩子合理地消费。刚开始时可以亲子一起每周制订计划，慢慢地让孩子独立制订，父母检查完善。制订计划之前，可以回顾以往的消费情况，比如用的花了多少钱，吃的花了多少钱，节余多少钱；哪些是必需的，哪些是可买可不买的，哪些是浪费的。这样就可以更合理地制订一周的计划。同时，还可以培养孩子的金钱规划能力，比如进行月规划、学期规划。若有多余的零花钱还可以让孩子学习投资理财。

最后是指导帮助，实践演练。对于孩子消费过程中出现的好行为要及时表扬和奖励，对不良的行为要给予适时的批评教育。无论是良好消费习惯养成，还是消费能力的培养，都不是一朝一夕的事，需要长期的社会实践。在这个过程中，家长要进行督促指导，还可以开展一些活动，比如模拟购物场景，或者现场指导，让孩子在实践中习得理性消费的能力，改正不良的消费心理。

89 如何拒绝孩子的不合理要求

问题描述

七年级家长会时，一位母亲向老师反映："我的孩子常常问我要钱，不是10元、20元，也不是100元、200元，而是几千甚至上万元，要去买游戏机、名牌鞋子之类的东西。如果不给的话，他就闹、就砸东西，看到什么砸什么。我们都是工薪族，哪有这么多钱给他啊。你说我该怎么办？"

家长心声

我不知道如何拒绝孩子的不合理要求。起初认为孩子小不懂事，于是孩子要什么就给什么，没有分寸、没有原则，更没有底线。有时想要教育孩子，却不知该怎么做，只能寄希望于孩子长大后会变得懂事。想不到孩子越大，要求反而越来越高，欲望越来越难以满足，现在根本满足不了他的要求，不知道怎么办好。

孩子心声

这款游戏机上次某某同学给我玩了半天，感觉太爽了！我还想玩，而且要比他玩得好！那牌子的鞋太酷了，穿上多漂亮多牛啊！同学看了肯定羡慕，多长脸啊！妈妈说没钱，怎么会没钱呢？给我读书有钱，买菜也有钱，买衣服也有钱，肯定是骗我的。不行，我偏要买！一定要买！不买就哭闹，就砸东西。上次我要买东西时，妈妈开始也不给，后来我砸了东西，她不是答应了吗？这次如果不买，就砸更贵的、让她更心疼的东西，看她给不给！总之我不管，一定要买。

问题解答

孩子的任性、骄横、蛮不讲理，往往不是突然出现的，而是父母长期娇惯出来的。如何拒绝孩子的不合理要求，使孩子克服身上的这些毛病呢？父母要先意识到自己的不足，改变原先的教养方式。最好是从小开始，从小事做起，越早效果越好。

怎么对孩子说“不”呢？找机会抓住一件事情进行训练。比如孩子要买鞋子，你觉得没必要买，因为鞋子已经很多了，或者你负担不起，那就要坚决地拒绝孩子。如果孩子在大庭广众之下哭闹，可以先带孩子离开公共场所。等自己和孩子心情平复之后，再把孩子叫到房间，关上房门，单独进行教育。这时候须注意“一个坚持”和“三要三不要”。

首先是“一个坚持”，就是这事不行就是不行，这东西不买就是不买。

其次是“三要”：一要家人统一观念，不能有分歧；二要一个人教育，不能七嘴八舌；三要保证教育场所安全，因为在教育的过程中，孩子也许还会心情激动、任性、哭闹和砸东西，要把易碎、贵重的东西移除。

最后是“三个不要”。第一是不要离开，不管他怎么哭闹，你都不要离开。因为他哭闹是做给你看的，那就面对着他冷静处理问题。第二是不要打骂，打骂解决不了问题，只会增加怨恨。第三是不要骗他，诚恳地向孩子说明原因：不买是由于这东西太贵了，或同类的东西家里已经有了，没必要买。如果能再给孩子希望，比如说以后赚到钱了，或者东西用坏了、用旧了再买，则效果更佳。

90 家长如何看到孩子的优点

问题描述

小王是班级里的学习委员，成绩很优异，能力也不错，但他却总是觉得自己还不够好，甚至有些自卑。最近的一次心理普查中，发现小王情绪状况异常，存在自残行为。在与孩子父亲交流过程中，老师发现孩子父亲常会对孩子进行言语上的打压，喜欢挑毛病而不是表扬。

家长心声

我自己也算是一个比较成功的人，就是靠读书改变命运的，可是我现在看着孩子这么不成器，感觉他没有未来了。我已经在他的学业上花费了很多的精力和金钱，日常生活中也在尽量满足他的需要，但是孩子始终没有真正达到我的目标。他的心理素质不够好，经不起批评，但是以后社会上这样的批评很常见，他应该适应并更加努力地学习。我认为优秀的孩子不是表扬出来的，而是严格要求，不断鞭策出来的，如果孩子总是自我感觉良好，他就会放松，最后越来越差。

孩子心声

我的爸爸是一名很优秀的医生，相比于他，我就差太多了。我努力想达到他的要求，但目标好像总是很遥远，可能我真的能力不够吧。爸爸在生活上对我基本没太大限制，主要是学习要求很多，如果我的作业或者考试情况不理想，就一定会被骂。不知道为什么，这段时间我的睡眠质量越来越差，上课也常常无法集中注意力，完成作业效率低，心里很焦虑，也很害怕。

问题解答

传统的观念认为"棍棒底下出孝子""严师出名徒"，这可能是有一定道理的，但是这种观念更注重结果而不是过程，忽略了孩子在成长过程中受到的创伤。实际上，随着时代的变化，现在的孩子背负更大的压力，父母应该随之调整自己的教育策略，多看到孩子的闪光点而不是缺点。

那么，家长应如何看到孩子的优点呢？

首先，家长要转变观念。据心理学家的分析和研究，一个心理健康，从小受到肯定和赞美的孩子长大后会有更大的向上的动力，能经历更多的挫折，树立更高的目标，获得更大的成就。可能在具体某件事或者某个阶段，"严厉"可以帮助家长更好地训练孩子，但从长远看，"肯定"更有价值。

其次，家长要学会蹲下身，与孩子平视。面对孩子的现实情况，家长不能以自己的标准去要求孩子，而是要将孩子当成孩子。孩子是发展中的个体，还在不断成长，出现问题是正常的，这时候恰恰需要家长看到孩子的不容易，从过程中发现孩子的优点。保持耐心，给孩子足够的时间、足够的力量，让他们知道自己不孤单，让他们更勇敢地向前走。

最后，家长可以学习一些肯定和赞美的方法：

夸“努力”而不夸“聪明”。努力代表过程，聪明代表天赋，夸前者更能激励孩子进步。

具体化、细节化夸奖。当家长把孩子优秀的做法具体说出来，孩子能感到你是真诚并言之有物的，他的内心会更认同家长的说法。

肯定孩子行为背后的动机。每个行为背后都有一个动机，当孩子做得还不够出色时，夸动机会让孩子感到被理解，找到继续改变的动力。

91 家长如何给孩子进行科学的性教育

问题描述

一天放学后路过教室时，班主任听见里面有声音，推门一看：六年级男孩小王赤裸着上身压在同班另一个男孩子身上。见了班主任，他们俩惊慌失措。班主任也傻了眼：这是模仿性行为吗？

家长心声

虽然我知道孩子长大了，即将进入青春期，但在我心里总觉得孩子还小，暂时没有必要进行性教育。孩子也曾问过我一些问题，但让我直白地说出来，实在太尴尬了，我一般就会找个话题转移他的注意力，后来孩子就不怎么问我了。今天接到老师的电话，我也很惊讶。孩子怎么会做出这样的事情？他是不是变坏了？

孩子心声

每次上网的时候，电脑总是会跳出一些网页和弹窗，以前我都直接拒绝或者忽略。前段时间，我点进去看了，里面有很多小说、图片和视频，看完我觉得很刺激。我也不知道为什么这些内容特别吸引我，所以我还拉着最好的朋友一起看了。我真的不是故意的，我就是想模仿着玩玩。

问题解答

当孩子进入青春期，他们的身体出现了巨大的变化，拥有了性能量，产生了性冲动。面对这些变化，孩子很希望可以获得指导，但受到传统文化、个人价值观、能力等因素影响，很多家长不愿也不会对孩子进行科学的性教育，反而把教育的权利“放手”给了网络，才导致了问题的发生。

那么，家长如何给孩子进行性教育？

首先，要改变对性的错误认识。只有家长的观念改变了，才能更理性地和孩子交流这个话题。“性”最容易让人联想到与性行为有关的一切事物，但这是一个极其狭隘的概念，“性”应该是综合而广义的，包括性别、生殖、亲密关系等等。性，也是一门科学，家长要引导孩子科学认识生殖器官，避免对自己和异性的身体产生不必要的疑惑，树立正确的性观念。

其次，和孩子进行性教育也有科学的方法：

把握住教育的时机，将教育融入对孩子的日常养育中。家长请设想一下：饭后，你把孩子叫到身边，认真地和孩子说，今天我们来谈一个性话题。这是多么尴尬的场面啊。郑重其事地谈性注定是要失败的，所以家长可以借某个新闻、某件事情，自然而然地和孩子交流性话题，把相关的知识与责任教育一并传递过去。

家长借用自己的经历与孩子交流。孩子在成长过程中的性困惑往往来源于他不知道自己是不是唯一一个有这种困惑的人，所以家长可以这么说："儿子（女儿），你现在遇到的困惑，其实爸爸（妈妈）当年也一样遇到过……这都是正常的。"

与孩子谈性要符合孩子的认知水平，讲其所问，问多少答多少，不要过度解读，也不要喋喋不休。可能有家长会担忧自己没这个能力自然、准确地谈性，那就可以借助科学的图书教导孩子。可以让孩子先阅读，家长再跟孩子交流；也可以亲子共读，家长负责答疑解惑。

最后，当孩子询问有关性教育的问题时，家长要搞清楚孩子真正要问的是什么，然后使用准确的词语简练回答。在教育的过程中我们要向孩子传递：性远远不止性行为这样简单，它还包括爱、信任、尊重、责任和亲密等。

92 孩子回家不愿主动沟通怎么办

问题描述

许多小学高段学生的家长表示，在与孩子沟通方面遇到难题，比如孩子不愿主动沟通。这该怎么办呢？

家长心声

孩子慢慢长大，和我们好像“不亲”了。以前总是和我们絮絮叨叨说着班级里的事，现在我们问一下，他才会答一句，而且回答的时候总是避重就轻，好事乐于分享，坏事一带而过。我们没法时刻跟随孩子身边，总会担忧，担心他们在学校没有好好表现，更担心孩子受委屈了也不说，受伤了也忍着。怎么才能让他主动开口和我们说说自己的烦心事呢？

孩子心声

我已经长大了，班级里有些事情我自己可以处理，一时处理不了也有我的好朋友们，我可以和他们沟通，请他们帮忙。当然，我还是很想和爸爸妈妈分享班级里的事情的，可是每次我一说，他们要么忙自己的事情，让我赶紧去做作业，要么就只看我做得不好的方面，批评我。比如我一说上课时好玩的事情，爸妈就要数落我上课没有好好听讲。久而久之，我就不想和爸爸妈妈多交流了……

问题解答

随着孩子年龄的增长，他的自我意识开始发展，认为一些事自己能解决，这是一件好事。不过，不需要家长代替处理并不表示亲子之间不需要沟通了，良好的亲子沟通一定是孩子成长道路上有力的扶助。那么面对不愿意主动开口的孩子，家长该怎么办呢?

首先，要平等对话，呵护孩子的沟通欲。10 岁左右的孩子进入自我意识蓬勃发展的时期，这一时期的孩子特别渴望父母把他当作平等的个体来对待，这就需要家长低下身子，站到和他一样的高度进行对话。爸爸妈妈可以回忆一下自己在和朋友或者同事交谈时会怎么做。我想肯定会注视着对方的眼睛“专心听讲”，而这也是孩子所需要的。因此当孩子找我们说话时，我们应该放下手中的工作，跟孩子约定好几分钟的分享时间，专心致志地进行谈话；或委婉拒绝并约定好一个“确定”的时间，比如：“等我把饭菜摆好，可以吗？”

其次，要尊重赏识，接纳孩子的每一面。当孩子与你沟通时，不论是“好事”还是“坏事”，请“一视同仁”。当孩子做得好时不要吝啬夸奖，可以问问：“你是怎么做到的？”引导孩子注重过程与方法，获得成就感。家长也可以表达自己的自豪、欣慰和爱。当孩子做得不好时，不要急于批评，埋怨永远没法解决问题，反而会降低孩子的倾诉欲。可以尝试用问句："你觉得这么做对吗？""别人这么对你，你心情如何？"……多用询问或祈使语气，引导孩子自我反思，换位思考，自我激励。

最后，耐心引导，关注孩子方方面面的生活。如果孩子已经不愿意和家长说话了，这时候该怎么办呢？建议先从孩子感兴趣的内容，有话可说的方面切入。家长一定要明白，沟通的目的不是教育，而是更好地了解孩子，而孩子的生活一定是全方位的。因此，家长可以从孩子最近爱看的书、他的好朋友、学校有没有什么好玩的事这些轻松的话题引入，耐心地实施"平等对话"和"尊重赏识"，让孩子和家长之间的沟通渠道持续保持畅通，这样家长才能慢慢走进孩子的内心，成为孩子忠实的倾听者和明亮的指路灯。

93 如何与青春期孩子相处

问题描述

在一次“××学校青少年与家庭沟通交流情况调查”中，有25位家长提到“孩子大了，有点难服从命令”“说不通，感觉叛逆期到了”等问题。很多家长都面临着与孩子沟通受阻的情况，并且迫切期待获得帮助。

家长心声

我的孩子以前很懂事，一般只要好好和他说，他都听得进去，有时候我稍微凶点，他就更听话了。但自从进入青春期，孩子拒绝沟通和不服管教的情况越来越多，我也不知道该怎么办，我也是为了孩子好，但是孩子越大越不懂事，有时候看到他懒懒散散，一副吊儿郎当的样子，真的很生气。

孩子心声

父母总是喜欢给我贴上“不够优秀”“偷懒”“爱玩手机”“年纪还小”等标签，只盯着我的缺点而否定我的努力，一直在唠叨却从未了解我的真实想法。我不止一次地和他们沟通过，但是他们总觉得我的想法都太可笑了，感觉有代沟，我太失望了，以后再也不想和他们沟通了。

问题解答

我们不难看出，面对孩子的困境和叛逆，父母与孩子都有“沟通”的意愿，而且大家都深爱着对方，只是因为家长一些错误的观念和做法激化了亲子矛盾。

家长可能有哪些错误的观念与行为呢？

第一，孩子是我的，无论多大，都是我的孩子。

第二，孩子是我的面子，他好我才好，所以我不是先过好自己的人生，而是让孩子来实现我的人生梦想。

第三，孩子还小，不懂事，我作为大人看到了未来的好多危险，也看到了正确的道路，所以我为了他好，要替他规划好未来，避免犯错或少犯错。

第四，我是对的，孩子是错的，人生就是应该做对的事，我要给他讲道理而不是谈情感。

作为家长又该怎么做呢？

首先，家长在定位上要好好学习如何做一个父母，而不是一个老师。当孩子遇到困难，他会希望父母站在他这一边，接纳他的情绪，倾听他，帮助他，而不是和老师一样去教育他，批评他。只有成为好父母，与孩子建立良好和信任的关系，才能承担教育孩子的其他角色。

其次，家长要把孩子当作一个孩子，他还在成长，还会犯错，要尊重他的发展规律，理解背后的需要，给孩子无条件的爱，对他提合理的要求。

最后，学习一些与青春期孩子沟通的技巧，例如倾听、自我暴露（向别人说心里话，坦率地陈述、推销自己）、共情等。比如，某一天孩子气冲冲地回家，向你吐槽老师，你觉得孩子做得并不对，但这个时候你应该从容、淡定地听孩子倾诉，并适时给予回应。让孩子在不断梳理这件事情的过程中，缓解情绪，并逐渐意识到："老妈，我也知道这件事我没有做好，老师是对的。"这时你不仅不要批评孩子，还可以抓住教育的机会，说："妈妈完全理解你，你只是觉得有些委屈了，我们再一起看看从这件事情中可以吸取哪些教训，争取以后做得更好。"

94 亲子关系差该怎么调整

问题描述

小周妈妈向班主任反映，小周在一张纸条上写道："我的妈妈是世界上最讨厌的人，我从来不喜欢她，真希望她永远不要在我面前出现。"看了他写的话，小周妈妈很震惊，既生气又难过，和孩子争吵起来，其间还忍不住给了小周一耳光。

家长心声

由于小周爸爸的工作繁忙，从一年级开始，孩子的学业和生活几乎都由我一人照料。孩子进入小学中段后，随着学业压力的增大，我感觉他越来越"难带"，本来听话的孩子近期已多次和我闹别扭、不听劝告。为什么我这样任劳任怨、辛苦付出，孩子却这么不懂事，只会伤我的心？

孩子心声

我的爸爸是个工作狂，我妈妈平时控制欲较强，总是对我唠叨个不停，而且她从没认可过我，也不支持我的看法。例如，最近刚因为用电脑的事跟她发生矛盾，她连事情都没搞清楚就说我“沉迷于网络”，是“网瘾少年”。我内心也渴望与妈妈平等地沟通、交流，但又不敢表露，于是就把情绪堆积在内心深处，导致我俩的关系越来越差。

问题解答

在孩子即将进入青春期的五、六年级，如果前期家庭关系不够坚固，这个阶段是最容易产生亲子矛盾的。家长总是以固有思维去教育孩子，而孩子已经长大，家长需要发现问题形成的深层次原因，通过多样化的教育策略，引导孩子认识情绪、学会沟通、懂得感恩。

首先，我们可以帮助孩子制定“情绪晴雨表”，管理情绪。通过沟通和交流，引导孩子接纳自己的情绪。让孩子逐步认识到：愤怒和委屈都是很常见的情绪，它们并不可怕，只需稍加控制，我们便可成为情绪的主人，而不被情绪所掌控。孩子可以自己绘制一张“情绪晴雨表”，记录自己一天中最突出的情绪感受尤其是每次和妈妈闹矛盾时的情绪。总结做到心平气和地与妈妈处理矛盾的办法，并不断在实际生活中强化和锻炼。同样，妈妈也可以绘制“情绪晴雨表”，强化和锻炼沟通中的积极情绪。

其次，我们可以设立“家庭日记本”，促进交流。在老师的引导下，妈妈和小周进行了一次诚恳的长谈。通过交流，孩子和妈妈意识到双方的出发点都是好的：孩子希望有一点自己的空间，尽管有时可能会表述不当，对此妈妈要予以原谅、信任和引导；妈妈希望孩子能够自我管理、情绪稳定，有时候态度可能比较强硬，但是妈妈会努力帮助孩子长大，慢慢给孩子更多空间，对此也希望孩子能够理解。亲子关系的恶化常常源于亲子间不理解彼此又不善交流，所以保持良好的沟通至关重要。因此，我们可以以“家庭日记本”的形式，鼓励家庭成员把自己想对彼此说的话，或是难以表达的话记录下来，同时互相给予积极的反馈，促进交流。

最后，我们可以借助“惊喜回馈礼”，融洽亲子关系。其实，妈妈的关心和辛苦，孩子都看在眼里，只是常常苦于不知如何表达。孩子的努力，妈妈也都看在眼里，只是常常拉不下面子给予表扬。可以借助母亲节、儿童节等等，为彼此准备节日祝福和惊喜，利用节日契机增进孩子和家长之间的感情。

95 如何成为受青春期孩子喜爱的家长

问题描述

孩子进入了青春期，变得不愿意和父母说话，变得叛逆，甚至不可理喻。我们和他常常说不到几句话就要争吵起来，不知不觉中，就成了不受孩子喜欢的家长。很想和孩子好好沟通，可是每次看到孩子对自己不耐烦的态度就特别生气，最后总是弄得不欢而散。

家长心声

孩子一直都很乖，这阵子突然间变了，不但不听我们说的话，而且时常会不耐烦地反驳。原来孩子经常会主动和我分享发生的事情，现在很多事都不愿意和我们说了，总是藏着掖着。对孩子一无所知的现状让我很担忧，真担心他会结交不良的朋友。辛辛苦苦抚养他长这么大，现在却这样对我，真的觉得伤心、生气又失望。是我的孩子变坏了，还是我哪里做错了？如何才能成为受青春期孩子喜爱的家长呢？

孩子心声

我知道爸爸妈妈都是为我好，可他们总是以高高在上的姿态和我说话，总说都是为了我好，什么都要我按照他们的想法去做，特别让人烦。还有，现在我已经不是小孩子了，我想要自己的私密空间，可感觉父母总是不信任我，还想尽办法来试探我。很多事情和他们说吧，其实他们也不懂，说了也是白说，甚至他们还要以老一辈的思想对我指指点点，让人感到很不舒服但又无奈。

问题解答

青春期的孩子自我意识发展了，和家长有冲突是正常的，不是孩子变坏了，但确实有很多时候是家长没做对、没做好。要成为受青春期孩子喜欢的家长并不容易。

第一，了解青春期，接纳孩子。每个家长都经历过青春期，但并不是经历过就了解。青春期的生理和心理特点，建议大家看看专业书籍做深入了解。孩子那些令人“匪夷所思”的变化，只是说明他长大了。生理上的巨大变化会让孩子焦虑和不安，这时候，家长更需要无条件地接纳孩子，多多发现孩子的优点，多多关心和理解孩子，千万不能横挑鼻子竖挑眼，看孩子哪里都有问题。整天唠唠叨叨、骂骂咧咧，只会把孩子越推越远。

第二，尊重青春期的孩子，做民主型的家长。青春期不仅意味着身体的发育和成熟，还意味着自我意识觉醒、性意识觉醒。青春期的孩子在很多事情上都有自己的想法，他们最需要的就是家长尊重他们，允许他们有私人空间，像对待大人一样平等地对待他们，好好地和他们说话，遇事能问问他们的意见，而不是由父母替他们决定。因此，父母需改变认知，绝不当专制型的家长。

第三，家长需学习如何和孩子沟通。建议多运用“我—信息”的句式表达，比如看到孩子没有及时做作业，家长将原先常说的“你怎么还没做作业？”的句式改成“看到你还没开始做作业，我有点担心……”，可以让孩子体会到父母对自己的关心。平时，多多关注并体察孩子的情绪变化，因势利导，帮助他们驱散内心的不安：“我感受到了你的不开心/担忧/焦虑，需要我为你做些什么吗？”如果家长自己真的做错了，要放下身段，勇于承认错误，可以这么和孩子说：“我也是第一次当父母，很多时候可能也会做错。如果你觉得我做错了，我希望你直接告诉我，然后说出你的期望。”认知改变了，沟通的方式改变了，成为受青春期孩子喜欢的家长就有希望了。

96 家长如何与班主任进行有效沟通

问题描述

初中也是孩子学习习惯和学习能力培养的关键时期，有时候孩子在学校里还可能出现与同学或老师产生误会的情况，因此这个阶段家长总是希望能够及时了解孩子的情况，加强与班主任的交流。但是考虑到班主任一个人要管 40 多个孩子，在工作时间找老师怕耽误老师上课，下班之后找怕影响老师休息，那么家长该如何与班主任进行有效沟通呢？

家长心声

七年级的孩子正处在青春期，有部分孩子已经开始出现叛逆行为。在家里，我们发现和孩子的沟通变得困难，有时孩子甚至不愿意与我们沟通。另外，升学的压力和初中紧张的学习节奏让孩子在家的时间和与我们相处的机会变少，所以作为家长我们希望能够建立与班主任的有效沟通，了解孩子在学校的具体表现，帮助孩子健康成长，争取在初中更上一个新台阶。

班主任心声

班主任的工作是非常烦琐的，同时班主任也是在学校中与学生相处时间最长的人。我们老师希望，学生如果学习、生活或者心理上有什么问题，都能来寻求班主任老师的帮助。而从家校交流角度来说，初中这一关键时期是需要家庭和学校两方面合力来完成对孩子的教育工作的。很多时候我们对孩子的培养和指导是需要一以贯之的，所以我们在工作过程中也非常需要与家长沟通并得到家长的支持。

问题解答

家校沟通是非常有必要的，家长与老师都是本着“一切为了孩子”的原则，所以需要在相同的情感认知基础上开展交流。从另一个层面来说，家长应该理解和配合班主任的工作，积极协调家校联系，让自己的沟通内容和沟通需求得到正常的表达。

首先，班主任应该告知家长家校沟通的渠道和方便沟通的时间。例如，沟通渠道可以是家校本、钉钉留言、电话沟通，但务必明确沟通时间。例如，咨询或了解一般学习情况，建议可以采用家校本沟通或钉钉留言，等到班主任老师有空闲时间了再逐一回复；但是如果涉及十分紧急的事件，比如孩子找不到了、孩子在家发生意外了，可以打老师电话，非必要不要直接打电话，等等。周末除了紧急事件也尽量不去打扰老师，让老师能够更好地回归家庭和生活，得到放松和休息，只有这样才能更好地投入工作。

其次，班主任也需要告知家长，什么情况下班主任会主动联系家长。例如，孩子在学校成绩下降了、状态不佳、与同学发生矛盾，会采用“钉钉”留言跟家长沟通交流，十分紧急的情况才会直接打电话给家长。建议班主任也要声明下：“老师没有和一些家长联系，不是老师不关心你们家孩子，而是你们的孩子在学校一切顺利”，以避免无关猜忌。

最后，家长和班主任老师如果都能做到充分尊重和彼此信任，有沟通也有界限地相处，家校矛盾就可以避免。这不仅是与班主任或家长的沟通之道，更是与身边的一切人和事的相处之道，孩子看在眼里，也将收获成长之道。

97 家长如何管理好自己的情绪

问题描述

一位 14 岁女孩的家长困惑地说：“昨天我想检查一下女儿的作业，才刚开口，她也不知道哪根筋不对，莫名冲我发火！把我推出房门，还和我大吵了一架！”

家长心声

孩子上了初中，特别是八年级以后，就像变了一个人似的，脾气越来越暴躁，简直就是个火药桶，一点就炸开，稍不如意就横眉冷对，或者“砰”的一声把自己锁在房间，就像浑身长满了刺似的。我已经很努力地克制自己的情绪了，但一看到她的态度和所作所为，就特别生气。而且孩子总是不够上进，懒懒散散，她为什么不能再努力一些呢？

孩子心声

我也知道妈妈是为了我好，但是一看到她我就很烦，她一说话，我就知道她会说什么。我也不想生气，但我就是控制不住，事后我也很后悔，但下次遇到类似情况我可能还是会这样。还有，爸爸妈妈有时候脾气也来得无缘无故，如果他们在工作单位遇到不顺心的事情，回家心情就不好，最后常常会找个理由训我一顿，这时候我就会感觉非常委屈。

问题解答

情绪是每个人都切身体会的一种感受，它充满了力量，一旦失控，往往会产生巨大的破坏力。青春期孩子与父母相处的过程中，情绪更是一个绕不开的话题。每个人都说要控制好自己的情绪，但要做到却并不容易。家长总觉得问题出在孩子身上，是孩子不听话，其实真相并不是这样。

青春期的孩子自我意识觉醒，希望家长把他当作成人看待，这是个体化的过程。这个阶段，孩子的情绪多变且敏感，呈现两极化，情绪体验丰富细腻，情绪反应剧烈，往往表现为“小刺激，大反应”。面对孩子的这些变化，很多家长继续用以前的方式对待他们，就容易与孩子产生冲突，双方情绪爆发。事后家长也会很后悔，没有控制好情绪。那家长如何管理好自己的情绪呢？

第一，家长要保持身体健康。身体与情绪关系密切，身体好心情往往也好，情绪管理能力也会明显提升。

第二，家长要接纳自己身上的所有情绪。情绪没有好坏之分，每一种情绪都有其存在的合理性和价值，要学习接纳负面情绪，而不是压抑或者转移。

第三，家长要学会觉察情绪。当事件发生时，能觉察自己此时此刻的情绪状态，而不是卷入其中。同时，因为每一种情绪的背后都隐藏着我们尚未满足的需要，所以我们可以试着寻找负面情绪背后的需要，通过满足需要来化解负面情绪。

第四，家长要转化情绪与信念。根据著名心理学家埃利斯提出的情绪ABC理论，激发事件A只是引发情绪和行为后果C的间接原因，而引起C的直接原因则是个体对激发事件A的认知和评价而产生的信念B。我们可以通过转化想法与信念的方式转化情绪，因为它让我们看到了无数其他的可能，也看到更多积极的因素。

第五，家长要释放情绪。情绪积压后，身体和心理都会有所反应，通过情绪的转化可能无法完全排解，这时候就需要用一些方法来释放情绪。家长可以通过听音乐、做运动、身体放松、自我倾诉（写日记）、正念训练等一系列方法，释放自我情绪，也可以通过向他人表达自身感受，提出需求与期望，以互动的方式来解决问题，缓解情绪。

98 夫妻教育子女的观念不一致，经常吵嘴怎么办

问题描述

一位妈妈来到心理辅导室声泪俱下地控诉：自己为了家庭放弃工作当了“全职妈妈”，为孩子付出很多，就希望女儿能比自己有出息。自己每天这么劳累，孩子爸爸下班后却只是躺在床上刷手机，不管孩子，认为孩子自有造化，还指责自己把孩子逼得太紧，把自己未实现的梦想都转嫁到孩子身上……孩子呢，跟妈妈关系恶化，与爸爸沟通很少，上了初中成绩退步，连家也不想回。

家长心声

妈妈说：“我为了这个家，为了孩子付出这么多，工作没了，社交少了，自己省吃俭用给孩子报辅导班，却吃力不讨好。”爸爸说：“我辛辛苦苦在外面上班一整天，回到家，家里总是‘乌烟瘴气’。孩子还小，用得着要求这么高吗？我们不都是这么长大的？少学点又会怎么样呢？”

孩子心声

妈妈为了我放弃工作，爸爸为了我努力打拼，爸爸妈妈为了我争吵不断，我却还学不好，还有什么脸面回家呢？我不想上那么多辅导班，但不敢跟妈妈说；爸爸每天回家都一副很累的样子，一说起我的学习，他们就会吵架。都是我不好，我该怎么办呢？

问题解答

夫妻教育理念不一致是很常见的现象，毕竟大家来自不同的家庭，拥有不一样的成长背景，但出发点都是为了孩子好，如果因此弄得夫妻不和、孩子焦虑，不就跟初衷背道而驰了吗？

首先我们来思考：都是为孩子好，为什么最终家里三个人都不觉得好？或许跟各自背后的心理需求有关。全职的妈妈，期待通过女儿的成功获得自身的价值感；辛苦工作的爸爸，每每听到妻子的抱怨，感受到的是自己的付出得不到肯定；而孩子呢，作为家里最“弱小”的成员，接收了所有的负面情绪，当孩子的大脑被焦虑占满时，哪里还有心思学习呢？

厘清了各自的需求，问题就容易解决了。建议在日常生活中，妈妈收回一点对孩子的关注，用于提升自己。爸爸可以多夸夸妈妈，多肯定妈妈的付出；妈妈也要多肯定爸爸的辛苦打拼，为家庭遮风挡雨的努力。爸爸妈妈都满足了自己的价值需求后，再心平气和地谈谈各自的教育理念，谋求最终达成平衡。

特别重要的是，要始终牢记夫妻关系是家庭关系的核心理念。一个好的家庭，应该是爸爸爱妈妈，妈妈爱爸爸，然后他们一起爱孩子，这样构筑的铁三角才最稳固。爸爸妈妈要把彼此之间的关系维护好，把投注在孩子身上的目光挪一些到自己和伴侣身上。在一个有爱的家庭里，孩子可以更加心无旁骛地学习。有了这份爱的滋养，才能让孩子安心而自信地成长。

99 孩子由祖辈抚养，父母该注意些什么

问题描述

家中儿子读七年级了，文科成绩都不错，小学时作文和诗歌还在杂志上发表过。可是从小学五六年级开始，孩子不时出现不去上学的情况。初中去了一所有名的公办学校，原以为情况可以改善，可不到一个学期，他又不愿意去上学了，每天就想待在家里，家长很是着急。

家长心声

我和孩子的妈妈都是高级知识分子，我们自己从小到大学习就没有让大人操心过。由于我们工作繁忙，孩子只能由祖辈帮忙抚养，周末再接回来。平时孩子的奶奶全权管理孩子的生活和学习，认为我们从来没有带过孩子，肯定带不好。孩子的奶奶从来不允许我们批评孩子，如果孩子被老师批评了，她也会当着孩子的面说老师太年轻，老师有问题。可是从小学五年级开始，从爷爷奶奶的反馈来看，孩子总是闹事，还总说不想去学校了，我们都不知道该怎么办……

孩子心声

我学习成绩不错，可是大概从三四年级开始，每次去学校，我的心情就很糟糕，不喜欢在学校待着，总感觉有同学在背地里说我，老师也总是批评我，还说我“连家校本都不签名，是不是没人管了”，让人很不舒服。我觉得还是待在家里舒服，爷爷奶奶什么事都顺着我。

问题解答

孩子已经出现了厌学的迹象，其实祖辈抚养导致的问题只是表象，更重要的是要调整家庭内部结构，让每个人的职责“归位”。

可以让孩子尽可能多地写下对于“我是谁”的回答，看看孩子在潜意识层面是哪些信念在起作用。比如，有专家在调研中发现，针对“我是谁”这一问题，孩子写的内容有：儿子、孙子、外孙、侄子、弟弟、哥哥、学生、人类、吃货、表叔、男的、未成年人、中国人、亚洲人、初中生、玻璃心、生命体、多细胞生物、脊椎动物、大块头、副组长、生活委员、“疯子”老曾、“00 后”。

这些“我是谁”是由一个人的自我认知所决定的。孩子上述 20 多个关于“我是谁”的回答中，有两种认知比较特别：“玻璃心”“疯子”。这两种自我认知是如何形成的？对学习生活造成了怎样的影响？我们从家长那里了解到：奶奶极度宠爱孙子，一直护着孙子，不让儿子媳妇管教孩子，更不允许他们批评孩子。由于孩子父母工作十分忙碌，孩子就一直由奶奶管理，结果养成了孩子受不得半点批评，不管是老师的批评抑或是同学说的不合心意的话语，孩子都接受不了。一直被奶奶像温室的花朵一样呵护着，所以孩子拥有了所谓的“玻璃心”和“疯子”的“内在我”。孩子进入青春期，按照人格发展理论，开始重视同龄人的评价，可是同学不会像奶奶一样呵护着他，他和同学相处得不舒服，于是另外一个“内在我”——“疯子”出现了，于是他可以做一些不合常理的事情，甚至待在家里不上学。

我们可以通过这样的方式看看孩子的内在信念系统有哪些是不合理的，通过调整孩子的信念系统来调整家庭教育的方向。

父母对孩子的养育负有责任，不可完全依赖老人。祖辈养育孩子，应只是负责照顾生活，家庭教育和家庭规划的职责应该由父母承担。

100 如何应对青春期的孩子

问题描述

孩子快上六年级了，个子突然开始长高，对待父母的态度来了个 180 度的大转弯。从前亲热贴心的孩子好像不见了，变成一个爱顶嘴、脾气暴躁的“陌生人”，有时候半句话都说不得。自己的房间不让家长进，家长想给孩子一些建议，但是发现孩子根本不想听。还从别人那里听说了一些孩子和同学过度亲密相处的传闻。这孩子，怎么一下子变得让父母觉得陌生了呢？

家长心声

看着孩子一天天长高变能干，为人父母应该感到很开心才对。可是这孩子身上突然发生的变化让人很不适应。原先那个乖乖的小孩怎么变成今天这样叛逆的模样？有的时候什么都说不得，有的时候顶起嘴来能把人气得半死。有的时候真的不想管他了，可是一放手，发现他这个也没有搞定，那个也做砸了。孩子还偷偷摸摸瞒着我们跟同学一聊就是半天，真让人担心。别人常说的“青春叛逆期”，难道就是这么难熬的吗？

孩子心声

不知道为什么，原先觉得可亲可敬的父母突然间就变得令人厌烦，特别是妈妈总会把一件事说很多遍，一开口就让我觉得不想再听。爸爸总喜欢命令我干这干那，凭什么？我想自己一个人待在房间里静静，但是他们总会找各种理由来监视我在干啥，越这样我越不想按照他们的想法去做。我在班级有了喜欢的同学，但不想让老师和父母知道这件事。

问题解答

面对青春叛逆期的孩子，建议家长可以这样应对：

第一，青春期是从儿童向成年人转化的过渡期。在这个年龄阶段，孩子会出现一系列身心上的显著变化。家长如果能够事先认识到在这个特殊阶段中孩子的身心发展规律，顺应孩子的成长需求去引导，可减少亲子冲突，更好陪伴孩子度过这一关键时期。

第二，孩子到了青春期，大脑进入快速发展的阶段，但是前额皮层尚未发育成熟。在大量荷尔蒙分泌的影响下，孩子情绪易激动、感情易冲动。这个阶段孩子的认识能力进一步发展，学习能力达到一个高峰，但认识问题有片面性；情感上多变而不稳定，对人对事有时感到很美好，有时感到很糟糕；兴趣爱好比较广泛，但容易见异思迁；取得成绩时往往沾沾自喜，遇到挫折又容易悲观、沮丧，失去信心。在这个阶段，父母情绪稳定是对孩子最大的帮助。

第三，青春期的孩子自我意识萌发，自我认识和自我评价能力初步发展。在观察和评价身边的人和事的同时，也开始认识和评价自己。青春期的孩子经常用挑战权威的方式证明自己的成长。在和师长相处的时候，如果师长依然采用命令或者唠叨的方式，容易导致孩子反感。他们特别希望能够自己做主，常常听不进父母的建议，但是因为缺少实践的经验，容易在这个时候犯一些错误，需要父母的理解和帮助。

第四，大量荷尔蒙生长激素的分泌，导致孩子身体快速生长，出现第二性征，性意识开始萌发。孩子从小学中高段对异性的暂时疏远慢慢过渡到对异性产生好感，出现青春期朦胧的“怦然心动”。在这个阶段，如果能得到父母和老师正确的引导，孩子就会发展出更成熟的能力，来应对以后成年的情感生活。

后记

在书稿编写过程中，我们在前期做了许多调查，比如从班主任的角度调查了“家长常问的5个问题”，从家长的角度调查了“作为家长，您最想了解的5个问题”。老师、家长们反馈的问题非常多，我们一一进行了梳理，然后按年级归类，发现各年级家长普遍感到困惑的问题集中表现在6个方面：

年级	生理发展	心理发展	学习能力	社会适应	人际关系	学法指导
一	孩子总是不经意地咬指甲怎么办	怎样培养孩子的专注力	孩子做事拖拉、做作业磨蹭怎么办	孩子太依赖父母怎么办	怎样才能让孩子交到好朋友？父母进哪些微信群比较合适	怎样让孩子练好“三跳”（跳短绳、跳长绳、踢毽子）
二	孩子常常吃个不停怎么办	孩子在学校乖巧，在家却乱发脾气怎么办	孩子遇到难题就退缩，不愿意动脑怎么办	孩子很自我，不懂得关心他人怎么办	孩子与同学产生纠纷怎么办	孩子不爱阅读怎么办

续表

年级	生理发展	心理发展	学习能力	社会适应	人际关系	学法指导
三	如何保护孩子的视力	孩子不自信怎么办	三年级的孩子周末要不要报学科类培训班	一、二年级无书面作业，三年级作业量增加怎么适应	夫妻教育子女的观念不一致，经常吵嘴怎么办	孩子不爱写作文怎么办
四	孩子经常丢三落四怎么办	孩子喜欢哭鼻子，遇到点困难就退缩怎么办	如何指导孩子阅读经典？家有二宝，大宝学习成绩下降怎么办	孩子在校受到欺凌怎么办	孩子在家总爱看电视、玩手机，怎么说都不听，导致亲子冲突怎么办	孩子爱看“闲书”怎么办
五	孩子开始发育了，该怎么指导	孩子脾气暴躁，难以控制自己怎么办	孩子总爱打游戏怎么办	孩子被“小团体”孤立、排斥时怎么办	如何指导孩子与异性交往	怎样指导孩子合理安排时间
六	如何指导孩子防止性侵犯	孩子考试焦虑怎么办	如何指导孩子选择适合自己的初中	孩子不能独立外出怎么办		怎样指导孩子合理花零花钱

续表

年级	生理发展	心理发展	学习能力	社会适应	人际关系	学法指导
七	孩子开始讲究穿着，有些衣服穿一次就不愿意再穿了怎么办	怎么培养孩子的责任感	如何帮助初中生养成良好的学习习惯？如何引导孩子建构课外阅读体系	如何帮助孩子更好地适应初中生活	如何与班主任、任课老师进行有效沟通	如何做好初中三年的起始规划？如何避免孩子过早地学科分化
八	如何面对青春期孩子的“恋情”	孩子不爱学习，产生厌学情绪怎么办	如何引导初中生平衡各学科之间的学习	孩子有过激行为怎么办	如何避免与孩子发生冲突	如何看待孩子学习成绩的起伏变化？初中生沉溺于游戏怎么办
九	如何引导孩子正确处理男女生交往中的“过密”行为	考试之后如何帮助孩子心理“减压”	如何准确定位孩子报考的学校	孩子对许多事物无所谓，失去兴趣，不求上进怎么办	如何做一位不焦虑的家长	怎样的孩子适合出国学习

面对家长的困惑，如何给予科学而有效的答复？编写组成员集思广益，在西湖区中小学教师中广泛开展了主题为“读懂问题背后的心声”征文活动，我们从中选取了一部分优秀文章作为编写参考。在此要特别鸣谢以下作者所提供的文章：

参考文章	作者
临近重大考试，孩子过度焦虑怎么办	金玲辉
在与孩子发生冲突后，是“握手言和”还是“冷战到底”	刘奕
青涩情感，如何化危为机	郑燕萍
基于心理学理论的青春期异性“过密”行为正确引导策略	戴心仪
孩子放不下手机怎么办	平凤花
孩子沉迷于游戏，家长该怎么办	符若男
你又不知道我心里的苦	王丽华
别太着急了，等等孩子	宣金烨（徐佳露）
五年级孩子模仿性行为，怎么办	郑英
孩子叛逆期到了，我没办法和他交流怎么办	宣金烨
孩子总是不经意地咬指甲怎么办	陈文佳
怎样培养孩子的专注力	林蕾蕾
孩子做作业拖拉、磨蹭怎么办	金文婧
孩子在学校乖巧，在家乱发脾气怎么办	周兰
夫妻教育子女的观念不一致，经常吵嘴怎么办	董煜
如何与孩子谈论死亡	刘娇
小学中段的孩子不能按时完成作业怎么办	李艳
如何让孩子保护视力？——用孩子喜欢的方式	吴舒妮
孩子总是丢三落四，我该怎么办	俞珺潇
孩子回家不愿主动沟通，总是报喜不报忧怎么办	吴晓莉
孩子说“我被班级同学孤立了”，我该怎么引导	胡梦雅
透视“冰山”表层，拨开“浮冰”见月明	周园
家长如何应对孩子成绩退步，化失败为动力	周冰欣
三孩来了，如何对待一孩、二孩	贾莹

续表

参考文章	作者
孩子爱看“闲书”怎么办	赵璐
春风化雨露　温情润童心——一年级儿童适应期心理案例分析	许灵芳
11岁男孩天天吵着要和妈妈睡，妈妈该怎么引导	史利嫦
三年级孩子听不进家长的“唠叨”怎么办	钱澄
接纳那个“暴”孩子	张明
再多的鼓励，都不如自我鼓励	沈丽琪
家长问“为什么都欺负我的孩子？”——学生交往障碍辅导案例	吴晓蓉
如何用鼓励的方式来评价孩子的作品	陈蕾妮
小学生因惧怕而不敢与老师交流，怎么办	李美玲
这么简单的口算孩子又没全对！该怎么办呢	洪伟青
孩子在写作业时感到烦躁，说“我不想写了”，我该怎么办	方圆
搭桥筑梁，修弥亲子关系裂缝	俞琦乐
我的心里从此多了一个你	顾诗阳
初中生沉溺于游戏怎么办	翟悦
给每一颗种子花开的时间	袁媛
先情后理，多听少言	黄佳佳
读懂问题背后的心声微案例	程菲
孩子喜欢穿奇装异服来彰显个性，该如何引导	洪珏莹
九年级男孩家庭的变化	张皓
当孩子说“我不想去学校”时，可以这样做	宗志慧
学生对考试成绩差无所谓，该怎么办	袁红霞
让爱倾听　用心解“迷”	陈雅芬

续表

参考文章	作者
面对嘲笑，我们该怎么办	叶瑶
孩子与同学产生纠纷怎么办	徐佳娜
自理能力比较弱的孩子，在学校受到欺负该怎么办	金璐萍
孩子不适应新来的老师怎么办	方芳
孩子为什么嫌我烦	胡惠云
孩子开始发育了，该怎么指导	王广阳
如何与青春期孩子聊学习	周春飞

对于以上文章，我们进行了反复讨论和修改，将其精华编入本书中，但这些仅仅是书稿中的部分内容，书中的其他文章，都是由西湖区关心下一代工作委员会和西湖区教育发展研究院组织西湖区骨干教师撰写的。具体内容和对应的作者如下：

姓名	修改或撰写的文章
陈琦	面对孩子考前焦虑，家长如何开导
	家长如何管理好自己的情绪
	如何面对青春期孩子的“恋情”
	如何应对孩子与异性之间过于亲密的行为
	孩子放不下手机怎么办
	孩子想走电竞之路怎么办
	教师如何应对青春期孩子的情绪爆发
	家长如何看到孩子的优点
	家长如何给孩子进行科学的性教育
	如何与青春期孩子相处

续表

姓名	修改或撰写的文章
孙志君	孩子总是不经意地咬手指甲怎么办
	怎样培养孩子的专注力
	孩子做事拖拉、做作业磨蹭怎么办
	怎样让孩子练好“三跳”（跳短绳、跳长绳、踢毽子）
	孩子自我否定怎么办
	孩子在学校乖巧，在家却乱发脾气怎么办
	夫妻教育子女的观念不一致，经常吵嘴怎么办
	怎样的孩子适合出国学习
	一、二年级无书面作业，家长该如何做
	如何对待孩子之间的矛盾
洪珏莹	如何与孩子谈论死亡
	三孩来了，如何对待一孩二孩
	如何指导孩子按时完成作业
	如何正确指导孩子保护视力
	家长如何与班主任进行有效沟通
	孩子染上说脏话的毛病该如何纠正
	孩子喜欢偷拿别人的东西怎么办
	孩子犯了错却不肯承认怎么办
	如何培养孩子耐心倾听的好习惯
	如何培养孩子独立思考的能力

续表

姓名	修改或撰写的文章
顾若晨	孩子总是丢三落四怎么办
	孩子回家不愿主动沟通怎么办
	孩子被“小团体”孤立了该怎么办
	孩子说老师对他有偏见该怎么引导
	孩子一发脾气就难以控制自己怎么办
	面对孩子成绩退步该怎么办
	家长怎样才能帮助孩子交到好朋友
	孩子爱看“闲书”怎么办
	一年级的孩子一上学就肚子疼怎么办
	孩子不愿分床睡怎么办
刘慧娟	孩子“屏蔽”家长批评怎么办
	家长该如何应对暴脾气的孩子
	家长如何帮助孩子逐步建立自信
	小学高年级女生偷偷看言情剧怎么办
	孩子不能执行自己制订的计划怎么办
	家长总是觉得孩子被欺负该怎么办
	家长对孩子的作品不满意时该怎么表达
	孩子害怕和老师交流怎么办
	孩子简单的口算题也做错怎么办
	孩子在写作业时感到烦躁该怎么办

续表

姓名	修改或撰写的文章
傅之敏	孩子由祖辈抚养，父母该注意些什么
	亲子关系差该怎么调整
	孩子沉迷于“追星”怎么办
	二孩家庭的爱如何平衡
	孩子沉溺于网络游戏怎么办
	孩子总是“不开窍”该怎么办
	孩子总是爱哭怎么办
	孩子有过激行为怎么办
	孩子喜欢穿奇装异服该如何进行正确引导
	孩子出现叛逆行为怎么办
方志鑫	孩子不爱学习，产生厌学情绪怎么办
	孩子讲究穿着，有些衣服穿一次就不愿再穿了怎么办
	孩子对许多事情无所谓、失去兴趣，不求上进怎么办
	孩子对家长大打出手怎么办
	孩子沉迷于网络小说怎么办
	孩子在班里经常被嘲笑怎么办
	如何看待孩子学习成绩的起伏变化
	孩子一遇到难题就退缩、不愿意动脑怎么办
	孩子若采用异常行为来缓解焦虑该怎么处理
	孩子在学校里受到委屈想转学怎么办

续表

姓名	修改或撰写的文章
孙飒	一年级的孩子不愿意上学怎么办
	孩子对学校和家庭两头撒谎，这是为什么
	孩子与同学闹纠纷怎么办
	“弱孩子”在学校受到欺负该怎么办
	孩子不适应新换的老师怎么办
	如何成为受青春期孩子喜爱的家长
	孩子开始发育了该怎么指导
	如何与青春期的孩子聊学习
	孩子过于关注自己的容貌有问题吗
	指导孩子防止性骚扰该怎么做
黄克华	如何培养孩子按时完成周末作业的习惯
	得知孩子学习成绩时该如何沟通
	孩子看了“不好”的书怎么办
	孩子抑郁了怎么办
	孩子考试时检查过多怎么办
	孩子学习容易分心怎么办
	如何培养孩子良好的消费习惯
	如何培养小小男子汉
	如何拒绝孩子的不合理要求
	孩子房间乱怎么办

续表

姓名	修改或撰写的文章
周杭芳	如何应对青春期的孩子
	孩子压力大怎么办
	家有“多动儿”怎么办
	孩子成绩垫底怎么办
	孩子玩游戏输不起怎么办
	兄弟经常打架怎么办
	可以对孩子进行物质奖励和惩罚吗
	如何提升孩子完成作业的效率
	孩子总不肯好好吃饭怎么办
	如何让孩子爱上阅读

在书稿形成过程中，我们召开多次编写会议，力求所问所答更具科学性、先进性、实用性。

由于我们的水平有限，书中定有许多不当之处，敬请批评指正。

附录

中国人民大学教授俞国良作为本书顾问，不仅对本书的书名、大纲、体例等方面做出指导，还倾情作序，更是将他曾写给子女的家书拿出来，以飨读者。

俞国良教授的一对双胞胎儿女俞春华、俞秋实出生于 2003 年 4 月。两个孩子初中、高中分别毕业于中国人民大学附属中学和美国加利福尼亚州韦伯中学；两人从小兴趣爱好广泛，喜欢阅读、运动，小学毕业时合作著有《同题异构写童年》一书；俞春华高中时独立著有《书里书外随笔》一书。两人都有学术钻研精神，在国际学术刊物上分别发表了生物学、人文学方面的论文。目前，俞春华就读于美国斯坦福大学，俞秋实就读于美国约翰·霍普金斯大学，均为大学二年级学生。

附录 1、2 分别是俞国良教授在儿女十四岁、十八岁生日之际写给他们的信，从中可以看到一位父亲对孩子的谆谆教导和良苦用心，希望能给广大读者一些启迪。

附录1

写给十四岁女儿、儿子的信①

亲爱的女儿、儿子：

这是十四年来，你们收到来自爸爸的第一封信。

本以为，给自己的女儿、儿子写封信，对擅长舞文弄墨的我来说，信手拈来就成。殊不知，下笔似有千斤重，更不知从何处落笔。为什么？你懂的！

十四年前，当我陪着你们的妈妈挺着“大肚子”在北太平庄附近遛弯时，冷不丁看到大街旁的橱窗里站着一对可爱且昂贵的布娃娃，我满心欢喜，不顾囊中羞涩，毫不犹豫把“他们俩”请回了家（至今仍在书柜里陪着我）。天遂人意，三个月后惊喜来临，你俩正式加盟我家。从此，家里有了不一般的生气与活力，我不仅荣幸升格成为父亲，而且有了专属的“小棉袄”和“开心果”。当每天拖着一身疲惫回家，“一见你就笑”。谢谢你俩！

十四年后，当我望着逐渐比肩高的儿子、不屑拉我手的女儿，时时感到茫然、失落，有时甚至悲从中来。哦，时间都去哪儿了？弹指一挥间，你们都长大了！

① 原载于《中国教育报》2017年4月27日。正式发表时编辑略有改动。

小时候，你们常常对我说，不愿意长大，永远要像现在这样偎依在父母怀里。其实，我何尝不想呢！然而，天意不可违，长大是件好事，这是自然规律，“人总归都要长大”。但长大也不尽是好事，你们将会面临初涉人世的诸多挑战。作为一介布衣书生、一名无权无势的父亲，我有莫名的担心、害怕、焦虑和恐惧，唯恐生活会戏弄你们、欺骗你们、伤害你们，作为父亲却无能为力。这是何等残忍！现在我力所能及的，是把自己的一颗怜爱之心和一点人生经验捧付给你们，也许日后对你们有用。

漫漫人生路上亲情、友情、爱情不可少。记得儿子刚满百日，我因公差去广东，在电梯口看着大声啼哭的儿子，也差点掉下眼泪。还有女儿，无论多晚多饿，非得等妈妈回家后才肯一起吃饭。这就是亲情。宝贝们，无论走多远、跑多累、有多晚，家永远是你们歇脚、避风的港湾。但家毕竟太小、太窄，你们需要走出去瞧瞧外面的世界。实际上，友情的陪伴会比父母更长、更久。儿时的玩伴，两小无猜；少年时的友情更是弥足珍贵。希望你们在中学阶段有一批“臭味相投”的同学、伙伴，一起踢球，一起嗨歌，一起八卦，更希望其中有几人能成为你们一生的知己知交。当然，有异性朋友，有朦朦胧胧的爱情，我也不反对，相信你们有能力处理。就像儿子在第一次收到“我爱你”纸条时的答复：“我也很爱我自己”。请谨记：志同道合者可遇不可求，初恋和人生伴侣更是稀世珍宝，需要耐心等待，并加倍珍惜。

快节奏生活中健康与幸福最为重要。无论时代如何变化，请你们永远要把生活摆放在正确位置上。生命中生活第一，生活中健康第一。大多数人秉承“生活的理想是为了理想的生活”，我也同样。你俩都是普通人，也大抵如此。儿子喜欢踢球、喜欢活动，女儿喜欢田径、喜欢游泳，希望你们能继续保持运动的好习惯，但眼睛近视已是没办法的事情了，只能靠你们在日后的学习生活中加以注意和重视。我希望你们能通过合理饮食、持之以恒的体育锻炼，避免不良习惯和嗜好的诱惑；同时要积极预防疾病，自觉寻求医疗保健方面的帮助，以及具有身体健康的广博知识和高度责任感。健康不仅是身体健康，还包括道德健康、心理健康，是灵与肉、物质与精神的完美结合。同样，幸福不仅是快乐的情感体验，也是自我实现和心理潜能的优化，更是良好心态、宁静心灵的和谐统一。因此，你们放学回家，我常问的第一句话往往是“今天开心吗，高兴吗”。可见，幸福之路就在你们脚下，就在日常学习生活中。请相信：积极、健康且幸福地生活，这是一种极致的生命境界。要达到这种境界，青春期是关键。你们现在就应该努力成为一个阳光少年，以负责任的态度养成健康的生活方式，过一种积极、有尊严、高质量的生活。

纷繁复杂社会中，读书学习为上策。年少时，一定要认真读书学习。所谓“少壮不努力，老大徒伤悲”是有道理的。瞧瞧爸爸现在的生存状态，就是你们日后的缩影；人到中年才明白了一些人生道理，但人不能倒过来“重新活一次”啊。因此，你们现在有读书条件和学习机会，看看《论语》《孟子》，读读唐诗宋词，听听古典音乐，背背英文单词，记记数理公式，这是童子功，其力无穷。我始终认为，年少时一定程度的“死记硬背”是必需的！至于你们的学习成绩，我是不担心的，像现在这样保持在年级中上水平就可以了。我更关心的是你们能在中学阶段的学习过程中，学会学习、善于学习、高效学习。在这里，良好的学习习惯和正确的学习方法尤为重要。谨此郑重建议，女儿的学习习惯和儿子的学习方法，可以取长补短、共同提高。因为读书学习是一辈子的事，也是你们以后“可持续发展”的有力保证。特别希望你们多读些经典名著，在生命与灵魂的深处与大师相遇、神交，既是一种学习提高，也是一种幸福享受。另外，我虽不主张“学而优则仕”，但通过读书学习，去经世济民、学以致用，则是十分支持的！希望你们把“穷理”与“经世”结合起来，勇于任事，“论须有益于社会，文须有益于人民”，反哺社会大众和父老乡亲。

吃住要一流，玩乐要二流，穿戴要三流。人们常常说，最难忘的是妈妈的味道。但在我们家，可能爸爸做饭的次数远高于妈妈，烹饪技术也略为高明些。实际上，这一方面源于我小时候吃了上顿没下顿的记忆（说来不好意思，我曾有一个理想就是开一家小饭馆，自己想吃就吃）；另一方面我也希望给你们树立一个榜样，吃喝要讲究、要一流，美食是享受、是创造，“自己动手则丰衣足食”。在这方面，女儿已学会番茄炒蛋，儿子尚需进一步努力！说到住，应该追求舒服和便利、简洁和格调、优雅和实用，这也是一种境界，对你们尚有些遥远。现在你们最关心的是玩乐，这是人之常情，无可厚非。学会玩乐，不但需要强壮的身体，更需要认真、知识、技术和心灵的投入。旅行、远足、游园、玩耍，无不如此。我希望你们俩都能有一两项兴趣爱好，三四项运动技能，但一定要避免“玩物丧志”或“游戏上瘾”。在这方面儿子要引以为戒，女儿则需学习提高。漫漫人生路上，玩乐毕竟是生命的陪衬、生活的辅料，因为极致的玩家是极少数，而且他们的人生往往一波三折。至于服饰搭配和穿戴打扮，这是一门学问。我以为只要干净整洁、美观大方和合身得体即可，不必追求所谓的名牌或时尚，归根到底衣服是穿给别人看的，舒服、适合自己的就是最好的！这里唯一需要叮咛的是，穿戴要对得起你们的同学和“观众”，破袜必须穿在新鞋中！

把功名利禄居心于有意与无意之中。年少时，谁没有功名利禄、光宗耀祖、报国报民之心？所谓“洞房花烛夜，金榜题名时”。这也是一种理想抱负和人生追求！可是，你们千万不要被这种功名利禄蒙住了双眼。我不反对你们年少时有些名利思想，关键在于知道如何做“加减法”的问题，这是辩证法。“不想当将军的士兵就不是好士兵”，何况血气方刚、意气风发、激扬文字的少年。但我的人生经验证明，名利毕竟是身外之物，尚有更重要的事等着你们。具体梳理如下：一是积淀智慧。这是比知识更重要、更有用、更有力量的利器。二是培育勤奋。我常常对弟子说，“你们比我聪明，但我比你们勤奋”。勤能补拙是良训。三是保持上进。具有积极上进的人生态度，任何困难挫折都是人生道路上的一段插曲。四是发现机遇。能够发现并抓住机遇，这本身就是一种能力，但机遇只垂青于有准备的大脑。五是刻意低调。谦虚使人进步，骄傲使人落后。成绩面前要低调，失败面前要高调；做人要低调，做事要高调。你们俩在合著的《同题异构写童年》一书出版后的低调想法和做法，我很欣赏。一句话，要勤于耕耘，少问甚至不问结果，这样就能把功名利禄居心于有意与无意之中。不忘初心，把握现在，想到未来，就能把有意义的事情做得有意思，把有意思的事情做得有意义，实现无为而为之。要坚信春华秋实的轮回，且命运总是公平的！

十四岁，你们告别了童年期，我没有准备鲜花和奖杯，也没有购买蛋糕和礼物，只有三十年前与周向潮伯伯合著的第一部书《初涉人世的十大挑战》送给你们，权且作为生日礼物吧，也请你们理解父亲的穷酸和寓意。

十四岁，你们进入了青春期，我和你们的妈妈也将进入更年期。我们需要互谅互帮互让。明天，我们将不会在饭后再替你们擦嘴、洗脸，不会在早晨再催你们起床、洗漱，更不会在晚上替你们打水、洗脚和铺床。但是，我们会永远做好饭菜等待你们回来、等待你们回家。

我衷心希望：十四年前，父母是你们的骄傲；十四年后，你们是父母的骄傲。作家汪曾祺曾说，“多年父子成兄弟”。我同样盼望，你俩也能成为我和你们妈妈的“兄弟姐妹”。

祝生日快乐！

父亲：俞国良

2017 年 4 月 18 日

附录 2

写给十八岁女儿、儿子的信[①]

亲爱的女儿、儿子：

网络时代，我很少给你俩写信。“手机教养”已成了一道独特的“风景”，我也不例外。

其实，父母给孩子写信，不一定是好事，也不一定是坏事。呵呵，对此你俩不必做过多解读或“价值判断”。但可以肯定：一定是有重要的事！

清晰记得四年前，我曾写过一封信，你俩由此告别无忧童年，步入烦恼少年。四年后，我再给你俩写信，是因为你俩将转身进入青年人行列，指点江山、激扬文字；而我则步入老年，每况愈下、日暮西山。你俩生日，我一介布衣，仍无以为赠，唯有“家书抵万金”。

实事求是地说，我虽然一直在“985、双一流”高校工作，任职教授、博导也有二十多个春秋，却始终认为自己仅仅是一流大学的“三流”教授而已，主要原因与教训有三。一是做人没有“童子功”；二是做事缺乏哲学素养；三是做研究与学问对经典了解太少。现在回看过往

① 原载于《中国教育报》2022 年 2 月 27 日。略有改动。此文发表前，俞教授获悉女儿、儿子分别被斯坦福大学和约翰·霍普金斯大学提前录取，甚感欣慰。

人生，做人得过且过，做事草草了事，做研究一知半解，做学问有待时日，至今忙碌无为、没有建树、愧对儿女。为了避免让你俩重蹈覆辙，我要唠叨几句，分享一些生活经验和感悟，把自己一点人生教训捧付给你们，希望“亡羊补牢，未为迟也”。又唯恐你俩嫌我啰唆、教条，在这里我只说一句话：认真做人、做事、做研究与学问，天道酬勤。

认真做人。前提是“生命至上”。哲学家苏格拉底曾说，生命中最有价值的事，莫过于生命本身！你俩作为一对“龙凤胎”，能够顺利地降生到这个世界上，本身就是一个奇迹，更不要说在成长过程中可能遭遇的各种风险、疾病、安全的挑战。因此，你俩必须时刻珍爱生命。无论人生遭遇何种狂风骤雨、艰难险阻，在伟大的生命面前都是十分渺小的。

生命又是一个独特的“角色”。正如世界上找不出两片完全相同的叶子一样，世界上找不出两个完全相同的人。自从你俩在妈妈的子宫中相遇、相识，彼此就是一个独立的个体。虽然时至今日，姐姐仍然责怪时为婴儿的弟弟最后给了“关键”一脚，所以不得不做了姐姐（提前 2 分钟出生），但弟弟一直承担着“哥哥”的角色：总是为姐弟偶尔的争吵承担全部责任，在姐姐急躁的“小我”和父母之间建立沟通桥梁，并把他无私的爱变成最美丽的承诺——付诸行动。小时候，当姐姐哭了几个小时后，弟弟会收起恐龙玩具（这对他来说绝对是个罕见的举动），抑或他正在阅读的图书，默默地站在姐姐身边。当姐姐哭到第三个小时的时候，弟弟也开始哭了。他说：“如果你想继续哭，我会加入你的行列，这样你就不必独自哭泣了。”虽然从姐姐记事那一天起，弟弟从来不曾成功把她从眼泪中解救出来，但他善良、温馨的话语和行动，在随后的十年里代表了他们的姐弟关系。实际上，这里的亲情、友情、爱情和同情心、同理心，并不是作为双胞胎的神奇产物，而是做人的“角色”立场。

认真做人的另一个前提是“宽容”。因为生命是唯一的、独特的、脆弱的，所以我们需要一生用力用心去呵护。首先要接纳生命、关爱自我，还要对生命持有积极的态度，更要厚爱生命。记得儿子上小学时，被其他同学无意推了一把摔倒在地，当时几颗门牙随即掉落在地，送北医三院拒收，再送北京口腔医院缝了七针，我们虽然很难过，但也没有追究这个同学的责任。女儿上初中时，作为班干部催收作业不小心被同学的铅笔尖戳入眼睛，送二炮医院医生不敢贸然做手术，只好送协和医院就医。事后这个同学与父母一道来家中道歉，我们轻描淡写予以冷处理。宽以待人，严于律己；将心比心，换位思考，这是做人的基本态度。

至于做人的具体方法，我并无资格说教，人生美德均可仿效，更需要你俩自己在现实生活中寻觅、发现和践行。如果你俩一定要询问我的意见，我以为认真做人，做一个好人、善人、真人足矣。这意味着设身处地，见义勇为；乐善好施，助人为乐；自尊自强，厚德载物。其实在我看来，做一个普通的人、对他人有用的人、对社会有贡献的人，便是一个好人、善人、真人。例如，你俩都非常关心周围的人，关心那些被边缘化的人，与对方分享你们的生活点滴。特别是与对方分享一切——对不公正的愤怒，幸福快乐的时刻，以及对一个更美好世界的憧憬与急切期盼。诸如此类，就非常值得肯定。

认真做事。前提是“责任为重”。责任决定细节，小事决定成败。人的生命与其他生命的本质区别在于人的心理生命和社会生命。前者指人具有自我意识，能自觉地思考、调控、引导其责任意识；后者指人的生命是一种社会关系存在，它决定了生命的尊严、权利和义务等责任行为。然而，每个人在责任面前，都曾有徘徊、犹豫不决的时候。一次，我出门在外诸事不顺，凌晨 2 点宾馆房间渗漏的雨水经天花板上的灯滴到枕头上，把我从迷思中惊醒。恍惚中，我把手伸向水滴的落脚点，发现另一个枕头和部分床单都淋湿了。为了阻止水滴溅落到脸上，我把一个枕头竖立起来作为“一堵墙”，挡住了水的偏转。几个小时后，我自然醒来，而床的另一边已经成为被“枕头墙”围起来的“海洋”。我又开始进入自己的审思。这一次，我心中的乌云一扫而空，克服了那种让自己不知所措的自卑感和无助感；感受到身体的力量；不再自扰，不再徘徊在过去而持有过高的自尊心。在发现了生命中的水滴后，我意识到自己的生命仍在一个个夜晚中徘徊。中国有句古话“亡羊补牢”，说的是一个牧羊人在狼吃光了羊之后，修起了破篱笆的故事。对我来说，“羊”还活着，我有决心逐步为自己修建枕木篱笆。这一次，我没有了对周围人的埋怨，也没有悔恨和自我谴责。我清楚地知道，与其说是让人失望，不如说是懈怠和懒惰的“我”，真正让自己失望！明天，我有责任从小事开始，试着改变自己的做事方式。对此，相信你俩与我殊途同归。

确实，“世界因我而有所不同”，一个人生命的意义和价值，在于对自我、他人和社会负责。首先是对自己负责，特别是对自己的生命及其生命价值负责，然后是对社会、国家和民族负责，最后才是对他人、职业和家庭负责。令人欣慰的是，虽然你俩在同一所学校就读，但各做其事、各负其责，在两条平行的轨道上健康成长。其实我知道，姐姐自律勤奋，做事一丝不苟、精益求精，且今日事今日毕；弟弟很聪明，对音乐有更好的品味和创作热情，吵架后道歉和安慰的速度也更快——尽管姐弟俩至今仅仅吵过两次架：第一次是关于杜鲁门总统在第二次世界大战中，对日本投掷原子弹是不是最后的手段（那天你俩争吵了 7 个小时）；第二次是关于蒂姆-奥布莱恩的《他们携带的东西》读起来更像小说还是非小说。尽管姐弟俩时有争论、吵架，但结果仍是一起致力于满足求知、追求卓越，双方的分歧促使姐弟俩更深入、努力地思考和认真、踏实地做事。其实，荀子曰“不积跬步，无以至千里；不积小流，无以成江海”，说的也是做事的道理。

小时候，我们都曾梦想着惊人的成就，赢得世界冠军抑或诺贝尔奖，以一种美好的方式改变世界。长大后，却没有多少人真正实现了自己的梦想。毫无疑问，当我们第一次知道“梦想”的概念时，我们都是拥有伟大梦想的人。然而，随着成长，事情可能开始发生某些变化，我们更多地考虑现在：今天的外语课要考什么？明天的物理实验怎么做？后天我还能在截止日期前完成数学作业吗？这个女孩/男孩到现在为什么还不给我回短信？……于是，在无情的时间老人面前，开始品味“真话不全说，假话全不说”的真谛。需要叮嘱的是，青年人必须认识到自己的社会责任，并将其内化为自身的社会信念，最终外化为社会责任行动。勇于担当社会责任，不仅关系到自身的生命、生存、生活和生涯，更关系到社会、国家和民族的未来。认真做事，应先从点滴小事开始，勿以善小而不为；再做好事，人最难的就是一辈子做好事；最后成就大事，为人类发展与社会进步贡献自己的力量。真正把有意义的事做得有意思，把有意思的事做得有意义。

认真做研究与学问。前提是“身心健康”。身心健康是人类永恒的话题，也是做研究的“物质”基础。良好的健康状态可以激发个体潜能，提高学习能力、发展能力与研究质量，适应家庭和社会生活，支持可持久的人际生态和环境，并有助于安全、高效、快乐地融入社会。它既是一种发展资源，也是一项发展目的。有过撰写博士论文经历的人都知道，与其说这是一场智力、脑力游戏，倒不如说这是一次身体耐力、健康素质的较量。一次闲聊时，儿子与我谈及健康状态对其学习等研究性活动的深刻影响。当他想在课堂研讨中大声说出自己的想法和观点时，却因喉咙疼痛和无法停止咳嗽，而说话断断续续、词不达意；当他受到球员梅西赢得金球奖的鼓舞，渴望重新感受足球比赛中的兴奋感时，却因受到腿伤和关节疼痛的影响，连连错过训练机会，同时在技术上也大大落后；当他想提高学业成绩、完成学习目标时，却因心绪不宁、无精打采而无所事事，反而利用空闲时间打电子游戏进行放松，有时甚至超过完成作业的最后期限……确实，有时我们难免会看到另一个自己：凌乱的头发，呆滞的眼神，虚弱的身体。这是做研究的天敌。

与“身心健康”相关的是“幸福感体验”。幸福感（主观幸福感、心理幸福感和社会幸福感的总称）是衡量个体生活和适应状态的重要标准，也是国际上通行的衡量人民生活质量和社会发展水平的重要指标。“做研究”也一样，一定要听从“内心”的召唤。首先自己对此要有兴趣，兴趣作为最好的老师，能激发主题的选择，研究活动的持续推进，以及研究结果的顺利产出，享受快乐兴奋的体验，这是主观幸福感的表现。其次是自己的能力和知识结构能够驾驭研究，对自己充满必胜的信心，让自身的潜能得以充分发挥，以成功促进更大的成功，并形成一个“自我实现”的良性循环，这是心理幸福感的反映。最后是所做研究可以不断展开、不断深化，即实现研究的可持续发展，同时能进一步关注研究主题和研究结果的社会功能、社会价值，并在这个过程中体会到无与伦比的快乐和幸福体验，这是社会幸福感的源泉。对此，女儿曾经从事的“社会人类学”中对我国贵州一个少数民族地区文化习俗、社会心理状况的调查研究，儿子对“古生物学”动物化石的溯源研究，以及你俩充分运用自己的聪明才智来启发和塑造研究的理论支撑、技术路线，都可圈可点。

需要提醒你们的是，任何学习、生活和工作都是在“做研究”，因为研究本身就是一个认真提出问题并以系统的方法寻找问题答案的过程。在这个过程中，我以为“听说读写”能力至关重要。一是“听”。从聆听专家教授的讲座、教诲中受益，点燃思维、启发思路、唤醒灵感；或从倾听同学老师的发言、建议中受益，确定选题、修订设计、完善方案。二是“说”。与他人分享自己的各种见解，理解对方眼中的火花。通过阐述、说明、论证自己的研究设计方案，讲清楚“做什么、为什么做、怎么做”，从旁人的分析、讨论和点评中获益。三是“读”。广泛阅读国内外该研究领域的文献资料至少三百篇，尤其是经典理论和经典实验研究，从中借鉴汲取经验教训，古为今用、洋为中用。四是“写”。即把自己的思考、研究过程用文字表达出来，在这个过程中不断调整和修改，使研究计划和方案更加切实可行，也有完整的研究过程和研究成果可以发表。实际上“写”是另一种形式的研究。如果既会写文献综述、调研报告，也会写研究报告、实验报告，那可称得上是“锦上添花”。

当然，相较做研究，更高的层位应是“做学问”。对此，我尚是一个门外汉、初涉者，正在不断探索、试错中。积我半生教学科研经历，这里有两点建议可供参考：第一，做学问应该是一个系统工程，需要“全面发展”的基座加以支撑。全面发展，有利于提高自己的德性修养，培养良好品德（德育）；有利于开发自己的智力和创造力，成就一代创新型人才（智育）；有利于培养自己坚韧不拔的拼搏精神，增强身体素质（体育）；有利于培养自己健全的人格，促进审美能力的提高与发展（美育）；有利于形成良好的劳动习惯，增强生活与社会适应能力（劳动教育）。第二，做学问可能会有三个阶段：大致、精致、极致。分别对应青年时期求学的本科、硕士和博士阶段。在成人期，其含义会更加广泛而深刻，很可能就是做学问的三个境界：“大致”就是了解人事物研究的概要或主要内容；“精致”是对人事物精巧细致研究的认识与理解；“极致”则是对人事物极为精致的把握与创新，这是一种做学问的最高境界，大有“会当凌绝顶，一览众山小”的感觉。我衷心希望你俩能达到这种境界，但“天将降大任于斯人也，必先苦其心志，劳其筋骨，饿其体肤”。你俩要有足够的“体力”储备和精神准备。

值此我从教三十五周年的日子，迎来了你俩十八岁生日。衷心希望你俩在今后的人生旅程中，学做一个好人、善人、真人；多做小事，做好事，做大事；掌握做研究的“听、说、读、写”本领；实现做学问从大致、精致到极致的跨越。一句话，让我们一起努力，先做新时代的“三好学生”：把自己培养好，把本职工作做好，把生命健康管理好。

祝生日快乐！

父亲：俞国良

2021 年 4 月 18 日

图书在版编目（CIP）数据

教子有方 : 知心育儿100招 / 黄克华等著. -- 杭州:
浙江教育出版社, 2023.9（2024.6 重印）
ISBN 978-7-5722-5357-7

Ⅰ. ①教… Ⅱ. ①黄… Ⅲ. ①中小学生—家庭教育
Ⅳ. ①G782

中国国家版本馆CIP数据核字(2023)第094047号

教子有方：知心育儿100招

JIAOZI YOUFANG: ZHIXIN YUER 100 ZHAO

黄克华 等 著

出版发行：浙江教育出版社
（杭州市环城北路 177 号 电话：0571-88909724）
责任编辑：吴颖华 周涵静 **责任校对**：余晓克
美术编辑：韩 波 **责任印务**：曹雨辰
封面设计：刘亦璇 **插图绘制**：刘亦璇
图文制作：杭州林智广告有限公司
印刷装订：浙江新华数码印务有限公司
开 本：710 mm × 1000 mm 1/16
印 张：22.75
字 数：273 000
版 次：2023 年 9 月第 1 版
印 次：2024 年 6 月第 2 次印刷
标准书号：ISBN 978-7-5722-5357-7
定 价：50.00 元